# 明治・大正を生きた女性

## 逸話事典

中江克己

第三文明社

# はじめに

明治・大正といえば、いまから見ると、ずいぶん前の時代で、古臭いと思う人がいるかもしれない。しかし、武士が支配階級だった江戸時代が終わり、明治になると、新しさや明るさを感じる人が多かった。

とくに維新の混乱がおさまったあと、「文明開化」ということばが流行語になった。このことばの出典は、古代中国の古典『易経《えききょう》』のなかにある「天下文明」と、顧愷之《こがいし》の「建極開化」で、維新後の外国文化の移入から生じたあらゆる現象をさすことばとして使われた。のちに、これを略した「文化」ということばも生まれたのである。

文明開化の象徴の一つは、男性が「ちょんまげ」を落とし、洋髪風の「ざんぎり頭」にすることだった。着物をやめ、洋服を着る男性が増えてきた。これは女性も同じで、洋髪にしたり、洋服を着る女性が目立つようになった。

明治政府は「西欧に追いつき、追い越せ」とばかりに西欧化につとめたし、庶民は西欧の自由主義を支えに、各地で自由民権運動をはじめた。

そういえば、福沢諭吉《ふくざわゆきち》は明治二年（一八六九）、著書『世界国尽《せかいくにづくし》』のなかで、つぎのように書いている。

「婦女を軽蔑するのは真の文明開化に至らない半文明である」

いまは男女同権といっても当たり前のことだが、当時としては新しい考え方だった。諭吉のことばは、男女平等を表した最初のもの、ともいわれている。

新しい時代の到来は、女性の活躍の場を広げた。さまざまな分野に進出する女性の姿は、男性たちをおどろかせ、女性たちを勇気づけたにちがいない。

さらに大正になると、急速に中産階級層が増え、生活を楽しもうという傾向が強まってきた。それを象徴するのが「今日は帝劇《ていげき》、明日は三越《みつこし》」という流行語。三越も帝劇も見たことがない、という地方の人びとにまで知れ渡った。

帝劇は明治四十四年（一九一一）に完成。すべて椅子《いす》席にしたため、「完全な西洋式劇場」と評判だった。三越も明治四十一年（一九〇八）、日本初の近代デパートとして完成。「コンクリートの呉服店」と話題を呼んだのである。

大正初期には「新しい女」という流行語が巷《ちまた》の話題をさらったが、新しい時代に目覚めた女性たちの解放運動が盛んになった。

本書『明治・大正を生きた女性逸話事典』では、七十二人の女性を紹介した。それぞれ一人で一冊の本になるほどの逸話の持ち主だが、ここでは興味深い逸話にしぼって短くまとめてある。それだけに、目についたところから自由に読んでいただいてもかまわない。

もっとも、すべてを読めば、明治・大正という時代の特徴や世相がよくわかり、遠い過去の古臭い話ではないことが理解されるだろう。

いまと同じように、明治・大正にもさまざまな女性がいて、それぞれの立場で懸命に生きていたことがうかがえる。しかも、それぞれの女性が明治・大正という時代を映し出しているから、本書は「女性の逸話で読み解く明治・大正の世相史」と、いってよいかもしれない。

本書を執筆するにあたって、図書館に通いながら、おびただしい文献資料を参考にさせていただいた。先学の方々に深く感謝申し上げる。

二〇一五年七月

著者

# 明治・大正を生きた女性 逸話事典 ―もくじ

はじめに ― 1
登場女性の生年・没年 ― 10

## 第1章 ※ 女性の自立を目指した事業家・活動家

大浦 慶　初めて日本茶を輸出 ― 16
広岡浅子　ピストル懐に鉱山経営 ― 19
和田 英　フランス式の製糸技術に挑戦 ― 22
野村ミチ　語学力を生かした会社経営 ― 25
相馬黒光　クリームパンの創案者 ― 28
福田英子　爆発物を運んで逮捕 ― 31
岸田俊子　女性民権運動の先駆者 ― 34
伊藤野枝　恋の遍歴を重ねる活動家 ― 37

管野すが　「大逆事件」に連座した顚末　40
畠山勇子　祖国を憂いて憤死　43

## 第2章　鹿鳴館・国際舞台での活躍

井上武子　武家の娘から鹿鳴館の貴婦人に　48
大山捨松　わが国初の女子留学生　51
伊藤梅子　ダンスの嫌いなトップレディー　54
陸奥亮子　ワシントンの公使夫人　57
広瀬阿常　世間をおどろかせた契約結婚　60
モルガンお雪　パリ社交界の花形に　63
ラグーザ玉　イタリアで腕を磨いた女性画家　66
クーデンホーフ光子　パン・ヨーロッパの母　69
小泉節子　ラフカディオ・ハーンのよき伴侶　72
ガントレット恒子　結婚届を拒否された国際結婚　75
山下りん　ロシアで絵画を学ぶ　78
杉本鉞子　ベストセラーになった『武士の娘』　81

## 第3章　芸の道で花開く

川上貞奴　代役でデビューした女優第一号　86
松旭斎天勝　天下一の女性奇術師　89
井上八千代　「都おどり」の原型を創った舞の名手　92
竹本綾之助　美声で女義太夫の花に　95
松井須磨子　オフェリア役で女優デビュー　98
三浦 環　二千回演じた『蝶々夫人』　101
森 律子　苦労をはねのけて花形女優に　104
末弘ヒロ子　初のミス日本となった女学生　107

## 第4章　新しい波を起こす文芸界の才女

樋口一葉　明治女の反抗と悲哀を描く　112
与謝野晶子　家庭的だった〝情熱の歌人〟　115
清水紫琴　「女性ジャーナリストの嚆矢」　118
若松賤子　外国の児童文学を紹介　121

長谷川時雨　歌舞伎化で脚光浴びる――124
下田歌子　「明治の紫式部」との評も――127
柳原白蓮　歴史に残る恋の逃避行――130
原阿佐緒　恋に生き、結婚に破れる――133
九条武子　社会事業に献身する美貌の歌人――136
岡本かの子　実際に咲く桜を見て嘔吐――139
村岡花子　健全な青春文学を目指した『赤毛のアン』の翻訳家――142

# 第5章 恋に生き、愛を貫く

森 志げ　鷗外の愛読者から妻へ――148
夏目鏡子　胃病に苦しむ漱石を支えて――151
北村美那　透谷との激しい恋――154
佐々城信子　国木田独歩との結婚と破局――157
堀合節子　啄木との愛を貫く――160
大山信子　名作を生んだ悲劇のヒロイン――163
藤蔭静枝　永井荷風を愛した舞踊家――166

波多野秋子　有島武郎との情死　169
高村智恵子　ひたすら光太郎を思いつづける　172
榎本多津　留守がちな愛妻家を支えて　175
乃木静子　夫に殉じた軍人の妻　178
南方松枝　奇人学者に寄り添う妻　181


## 第6章 世を騒がせ、話題になった女性


高橋お伝　色と欲との二股かけて　186
原田きぬ　パトロンを毒殺した罪　189
雷　お新　彫物を全身に入れた「姐御」　192
花井お梅　『明治一代女』のモデル　195
内田まさ　悪事を重ねた流転の人生　198
芳川鎌子　お抱え運転手との心中事件　201

## 第7章　医療への道、教育への情熱


楠本イネ　わが国初の女性産科医　206
荻野吟子　不幸をバネに公認女性医師へ　209
吉岡彌生　後輩に医師への道を開く　212
高橋瑞子　「男装の女医さん」と人気　215
瓜生岩子　「会津のナイチンゲール」　218
津田梅子　女性の自立をうながす教育　221
矢島楫子　女子教育から社会教育へ　224
野口幽香　初の私立保育園を開く　227
安井てつ　人格形成を重視した教育家　230
大妻コタカ　勉強好きな少女の夢　233
新島八重　「ハンサム・ウーマン」　236
楫取美和子（杉文）　兄松陰が見られなかった新時代を生きる　239
羽仁もと子　初の女性記者から教育者へ　243

人名索引　253
主な参考文献　254

1912
1926
1950
大正
関東大震災
昭和
日中戦争・太平洋戦争

登場女性の生年・没年

1868　文政　天保　弘化　嘉永　安政　万延　文久　元治　慶応　明治　日清戦争　日露戦争

|  |  |
| --- | --- |
| 楠本イネ | 1827～1903 |
| 大浦 慶 | 1828～1884 |
| 瓜生岩子 | 1829～1897 |
| 矢島楫子 | 1833～1925 |
| 井上八千代 | 1838～1938 |
| 楫取美和子 | 1843～1921 |
| 原田きぬ | 1844～1872 |
| 新島八重 | 1845～1932 |
| 伊藤梅子 | 1848～1924 |
| 広岡浅子 | 1849～1919 |
| 雷お新 | 1850～1890 |
| 井上武子 | 1850～1920 |
| 高橋お伝 | 1851～1879 |
| 荻野吟子 | 1851～1913 |
| 榎本多津 | 1852～1893 |
| 高橋瑞子 | 1852～1927 |
| 下田歌子 | 1854～1936 |
| 広瀬阿常 | 1855～？ |
| 陸奥亮子 | 1856～1900 |
| 和田 英 | 1857～1929 |
| 山下りん | 1857～1939 |
| 乃木静子 | 1859～1912 |
| 大山捨松 | 1860～1919 |
| 内田まさ | 1861～？ |
| ラグーザ玉 | 1861～1939 |
| 若松賤子 | 1864～1896 |
| 岸田俊子 | 1864～1901 |
| 花井お梅 | 1864～1916 |
| 津田梅子 | 1864～1929 |
| 畠山勇子 | 1865～1891 |
| 福田英子 | 1865～1927 |
| 北村美那 | 1865～1942 |
| 野口幽香 | 1866～1950 |
| 小泉節子 | 1868～1932 |
| 清水紫琴 | 1868～1933 |
| 安井てつ | 1870～1945 |

## 登場女性の生年・没年

明治　日清戦争　日露戦争　1912　大正　関東大震災　1926

| | |
|---|---|
| 川上貞奴 | 1871〜1946 |
| 吉岡彌生 | 1871〜1959 |
| 樋口一葉 | 1872〜1896 |
| 杉本鉞子 | 1873〜1950 |
| ガントレット恒子 | 1873〜1953 |
| 羽仁もと子 | 1873〜1957 |
| クーデンホーフ光子 | 1874〜1941 |
| 竹本綾之助 | 1875〜1942 |
| 野村ミチ | 1875〜1960 |
| 相馬黒光 | 1876〜1955 |
| 大山信子 | 1877〜1896 |
| 夏目鏡子 | 1877〜1963 |
| 与謝野晶子 | 1878〜1942 |
| 佐々城信子 | 1878〜1949 |
| 長谷川時雨 | 1879〜1941 |
| 南方松枝 | 1879〜1955 |
| 森 志げ | 1880〜1936 |
| 藤蔭静枝 | 1880〜1966 |
| 管野すが | 1881〜1911 |
| モルガンお雪 | 1881〜1963 |
| 三浦 環 | 1884〜1946 |
| 大妻コタカ | 1884〜1970 |
| 柳原白蓮 | 1885〜1967 |
| 堀合節子 | 1886〜1913 |
| 松井須磨子 | 1886〜1919 |
| 高村智恵子 | 1886〜1938 |
| 松旭斎天勝 | 1886〜1944 |
| 九条武子 | 1887〜1928 |
| 原阿佐緒 | 1888〜1969 |
| 岡本かの子 | 1889〜1939 |
| 森 律子 | 1890〜1961 |
| 芳川鎌子 | 1891〜1921 |
| 末弘ヒロ子 | 1893〜1963 |
| 村岡花子 | 1893〜1968 |
| 波多野秋子 | 1894〜1923 |
| 伊藤野枝 | 1895〜1923 |

年齢表記は原則として数え年。満年齢の場合は満〇歳とした。

装幀／志摩祐子（有限会社レゾナ）
本文レイアウト・組版／有限会社レゾナ

# 第1章

# 女性の自立を目指した事業家・活動家

# 大《お》浦《おうら》 慶《けい》

一八二八〜一八八四

## 初めて日本茶を輸出

いまなら外国を相手にビジネスを展開する女性実業家は珍しくない。しかし、幕末から明治にかけてとなれば、話は別だ。その珍しい女性が大浦慶である。日本茶を輸出して財をなし、女豪商として名を馳せた。

慶は文政《ぶんせい》十一年（一八二八）、長崎で油屋を営む太平治の一人娘として生まれた。長崎といえば当時、唯一の貿易港であり、情報も集まってくる。町を歩いても、外国の文化や風俗があふれていた。

慶は、そうした環境のなかで育ったため、国際感覚を身につけていたし、考え方に柔軟さもあった。やがて父が亡くなり、十六歳のときには大火に見舞われ、店も焼けてしまった。

そこで慶は、天草から庄屋の息子幸次郎を婿に迎え、店を再建しようとした。大火の翌年、弘化《こうか》元年（一八四四）のことである。

ところが、結婚生活は半年しかもたなかった。幸次郎は商いに関心がなく、このままでは店の再建などおぼつかない。慶はそう思うと、幸次郎に百両の手切金を渡し、天草に帰ってもらったのである。それ以降、慶は独身を通した。

慶の性格は男っぽく、さばさばしていて、しかも気丈だったようだ。そうした性格が商売に向いていた。といって、最初からすべてうまくいったわけではない。

「これからは、外国を相手に商売をすべきだ」

慶はそう思って油屋をやめ、オランダ人を通じて呉服を輸出しようとした。しかし、これは失敗に終わった。

その後、いろいろ苦労を重ねたが、嘉永《かえい》六年（一八五三）、二十六歳のとき、長崎出島のオランダ商館に勤務していたテキストルに頼み込んで船に乗せてもらい、上海からインドにかけて旅をした。そのとき、緑茶事情を見聞し、日本茶の輸出を決意したのだという。もっとも、この密航話は根拠が乏しく、伝説とされている。

実際にはこの年、テキストルが本国に帰ることになったため、慶は嬉野茶《うれしのちゃ》の見本をあずけた。諸外国から注文が来るように、見本を配ってもらったのである。

しかし、まったく反応がないので、慶はじりじりしていた。やっと慶のところに注文が舞い込んだのは、三年後のことだった。

イギリスの商人オルトが長崎の慶を訪ねてきて、十二万斤《きん》（七十二トン）という大量の日本茶を注文したのである。当時の日本では、想像もつかない量だから、びっくりして断わるのが普通だろう。

ところが、慶は顔色を変えず、二つ返事で引き受けたものの、嬉野茶だけでは、それだけの量をそろえることができない。

そこで慶は、九州の茶産地をまわって買い集め、やっと一万斤をアメリカに送った。これが日本茶の輸出のはじまりとされる。

残りの注文分は、二年間をかけて集め、アメリカへ送ったが、この成功によって、慶は茶商として一躍、有名になった。

明治になっても順調に茶の輸出をつづけていたが、明治四年（一八七一）、慶は思わぬ事件に巻き込まれる。

幕末には、坂本龍馬《さかもとりょうま》をはじめ、多くの志士たちを援助していた。その一人、元熊本藩士の遠山一也が慶を頼ってやってくる。オルト商会と煙草十五万斤という大量の輸出を約束したので、その保証人になってほしい、というのだ。

なにやらあやしげな話だが、慶は懐かしさもあって、つい引き受ける。しかし、案の定、遠山はオルトと契約を結び、三千両の手付金を受け取ると、姿をくらましたのだ。慶は詐欺にあったわけだが、その巨額の借財を命がけで弁済したという。

明治十二年（一八七九）六月、アメリカの元大統領グラント将軍が軍艦リッチモンド号に乗り、長崎を訪れるということがあった。将軍は長崎県知事をはじめ、多くの名士をリッチモンド号に招待したが、女性としてはただ一人、華やかな着物姿の慶が招かれていた。

その後、慶は病床に臥す。そのさなかの明治十七年（一八八四）四月六日、慶は茶の輸出に功があったとして、農商務省から功労賞として二十万円をもらった。遠山に騙されて悔いを残したが、それを吹き飛ばすような晴れがましい気分になった。

その七日後の四月十三日、慶は息を引き取ったが、五十七歳の生涯だった。

## 広岡浅子《ひろおかあさこ》

一八四九〜一九一九

### ピストル懐に鉱山経営

女性が鉱山や銀行の経営に腕を振るった、という例はきわめて珍しい。しかも、護身用のピストルを懐にしのばせながら、荒くれ者の多い鉱夫にまじって働いた、というのだからおどろく。広岡浅子は、明治という時代をたくましく生きた女傑だった。

浅子は嘉永二年（一八四九）、三井高保《たかやす》の三女として、京都の油小路出水《あぶらのこうじでみず》で生まれた。三井の一族では、江戸に出て越後屋（三越の前身）を開き、成功した三井高利《たかとし》がよく知られている。

浅子が少女のころ、女子といえば裁縫や作法を身につけたり、茶の湯、生花などを学ぶのが普通とされた。しかし、浅子は漢学を学ぶなど、学問好きだった。

父親に「女子が学問してもろくなことがない」と叱られても、浅子は「女子といっても人間であることに変わりはありません。だとすれば、学問も必要でしょう」といって、平然としていた。

新しい時代なのだから、女子も学問をして人格を陶冶《とうや》しなければならない、と考えていたようだ。

女子は嫁に行き、夫に仕えて、いい家庭をつくればそれでよい、というのが当時の一般的な風潮だったから、浅子の考え方はなかなか理解されなかった。

とはいえ、「独自の道を歩みたい」と思っても、独身を通すわけにはいかない。「女子は嫁に行くもの」という考え方を、誰も疑わない時代である。

浅子は三井家という旧家の生まれだったから、すでに二歳のとき、親同士で許嫁《いいなずけ》の約束を取り交わしていた。浅子の相手は、大坂の富豪である加島屋《かしまや》の分家、広岡信五郎。浅子は十七歳のとき、信五郎のもとに嫁いだ。

広岡家は、豪商鴻池善右衛門《こうのいけぜんえもん》と並ぶ旧家だった。江戸時代の寛永二年（一六二五）、広岡正教が大坂の御堂前《みどうまえ》で精米業をはじめ、のちに両替商を兼業するようになった。やがて、米穀取引を本業とする両替商として成功し、財産をつくった。大名貸も行ない、二十数藩を相手にしていたというから大商人になっていたわけである。

浅子が結婚したのは慶応《けいおう》元年（一八六五）だが、その後、明治維新を経て世の中が急変し、文明開化が進んだ。夫の信五郎も維新の動乱が終わり、世情が落ち着いてくると、観世《かんぜ》流の謡曲に打ち込むようになった。

商いは、維新のために大名貸が焦げつき、債権の回収が不能になった。家運が傾いたといってよいが、それでも広岡商店、加島銀行、さらに紡績や鉱山など、さまざまな事業を展開していた。

しかし、夫の信五郎は謡曲に熱心だから、会社の経営を浅子に任せることが多くなった。信五郎は細面《ほそおもて》で、おっとりしたタイプだったが、浅子は夫と対照的で、丸顔だし、でっぷり肥っていた。それだけに頼りがいがあるという印象をあたえがちで、いろいろ頼まれることも多い。浅子は嫌な顔をせず、なにごとも積極的に取り組んだ。

鉱山会社の経営でも、会社でただすわっているのではない。まめに現場へ足を運んだ。鉱山では荒くれ男が多く、なにが起きるかわからない。

浅子は用心のために、小型のピストルを携帯し、鉱夫とともに坑道へ入った。真っ暗だし、頭上から水滴が落ちてくる。それに大柄な男や荒くれ男たちの仕事ぶりを見て、叱咤しなければならないこともある。

いくら男まさりとはいえ、相当な度胸が必要だ。しかも、危険なことも多い。浅子は死を覚悟して働いていたという。

加島銀行や広岡商店などの業務も手伝ったりした。女性ながら企業の第一線で活躍していたせいか、浅子は「大阪実業界の女傑」として、なにかと話題になった。夫の信五郎は表向き、加島銀行頭取、大阪株式取引所理事、尼崎紡績社長など要職についていたが、浅子がその陰でがっちり参謀役をつとめていたのである。

その後、浅子は明治三十四年（一九〇一）、東京へ出て、日本女子大学の創設に尽力した。さらに明治三十七年（一九〇四）、夫信五郎が死去したのを機に、一人娘のかめ子に一柳恵三を養嗣子《ようしし》として迎え、事業を譲って隠居した。

明治四十四年（一九一一）キリスト教に入信、晩年は宗教活動に専念した。大正八年（一九一九）、東京麻布で病没。七十一歳だった。

## 和田英《わだえい》

一八五七〜一九二九

### フランス式の製糸技術に挑戦

会社を経営するとか、実業界で活躍するというのとは異なるが、和田英の場合、外国から伝えられた新しい製糸技術に挑戦し、それを完全に習得した。官営富岡製糸場で働いたあと、県営製糸場の教授となり、後進の指導にあたった。

わが国初の官営製糸場を技術面で支え、多くの後進を育てたという意味では、わが国の近代産業に尽力した一人といってよい。

和田英は安政《あんせい》四年（一八五七）信濃松代《まつしろ》（長野市）で生まれた。父は横田数馬《よこたかずま》といい、松代藩士だったが、維新後は松代の区長（町長）をつとめた。

明治政府は、欧米諸国が工業化を推進した結果、富強を誇る大国になったと考え、日本の工業化を積極的に進めようとしていた。

そこでまず、養蚕の盛んな群馬県富岡に官営機械製糸工場の設立を決定。明治三年（一八七〇）フランス人技師ブリュナの指導のもと、建設に着手した。

機械はフランス製の蒸気製糸機械三百台を買い入れた。蒸気動力で繭《まゆ》から糸を引き、数本を合わせて一本の生糸をつくっていく。すべて人力でやっていた製糸にくらべると、はるかに効率的だった。

ところが、官営富岡製糸場が完成間近だというのに、工女がまったく集まらない。それというのも、指導にあたるフランスの女性技術者が「生き血を吸う」と噂されたからだった。

しかし、必要な工女を確保しなければならない。そのため、区長の横田数馬のもとに、県庁を通じて「富岡製糸場へ工女を差し出すべし」との命令が来たのである。なんとかしなければいけないが、無理に引っぱってくるわけにはいかない。

数馬は、やむなく娘の英を糸繰伝習工《いとくりでんしゅうこう》として応募させた。それを皮切りに、つぎつぎに応募者が出てきたのである。

明治六年（一八七三）、英は十七歳のとき、長野県松代から群馬県富岡の製糸場へ赴き、糸繰伝習工となった。英は後年、『富岡日記』を書き残したが、初めて建物を見たときのおどろきを、つぎのように書いた。

「富岡御製糸場の御門前に参りました時は、実に夢かと思ひます程驚きました。生まれまして煉瓦《れんが》造りの建物など、まれに錦絵位で見るばかり、それを目前に見まする事でありますから無理もなき事かと存じます」

煉瓦造りの建物は美しいだけでなく、堅牢だった。当時、錦絵になったが、いまも往時のまま保存され、世界遺産に登録されたほどだ。

当初、各地から集められた工女は約二百十人。士族や豪農の娘が多かったという。こうして明治五年（一八七二）十月四日、官営富岡製糸場が操業を開始した。

作業はフランス人女性が指導したが、この製糸場のねらいは、生糸を生産することもさることながら、技術伝習にあった。工女たちがここで製糸技術を習得し、帰郷したのちは、地元の製糸工場で技術を教えることが期待されたのである。

英も夢中で技術を身につけ、またたくまに一等工女となった。健康に恵まれていたし、相当な努力家だったようだ。明治七年（一八七四）、松代町に隣接する西条《にしじょう》村に製糸工場「六工社」ができたが、英は帰郷し、工女取締教婦の役についた。

その後、明治十一年（一八七八）二十二歳のときには県営製糸場の教婦になって、多くの後輩を育てた。

しかし、明治十三年（一八八〇）に退職し、かねてから婚約していた和田盛治《もりはる》へ嫁いだ。

盛治は陸軍の軍人だが、盛治の母は佐久間象山《しょうざん》の姪だった。象山は松代藩士で、海防の急務を主張するなど活躍していたが、攘夷《じょうい》派の浪士に暗殺され、明治の世を見ないまま死んだ。

なお、英の実弟には、のちに大審院長（現在の最高裁判所長官）、明治大学学長をつとめた横田秀雄、鉄道大臣をつとめた小松謙次郎がいる。

英自身、のちに明治四十一年（一九〇八）から大正二年（一九一三）にかけて、往時のことを思い出しながら、『富岡日記』や『富岡後記』をまとめているが、その記憶力はすごい。

昭和四年（一九二九）九月二十六日、英は養嗣子の盛一が工場長をつとめていた足尾銅山で七十三歳で没した。

## 野《の》村《むら》ミチ
一八七五〜一九六〇

### 語学力を生かした会社経営

夫の仕事を支えながら、自らも実業家として実力を発揮した女性がいる。野村ミチ。明治八年（一八七五）、箱根芦ノ湖の旅館の娘として生まれたが、明治、大正、昭和と、横浜を舞台に、女性の新しい生き方のお手本を示した。

ミチは有名旅館の長女だったから、自分が実業家になるなど夢にも思わなかった。しかし、縁というのは不思議なものである。外国人を相手にする実業家の妻となり、自らも実業家となった。

少女のころ、ミチは東京の麻布鳥居坂にある東洋英和女学校に通い、英語を学んだ。たちまち英語が上達したが、むろん頭もいい。母親の川辺ひろは、ミチが卒業したらアメリカへ留学させようと思ったが、親戚が大反対したため、実現できなかった。

やがて二十二歳のとき、ミチは野村洋三という美術商に嫁いだ。

美術商といっても、相手は外国人ばかりで、横浜でサムライ商会を経営し、日本の美術品を売っていたのである。ミチは英語に堪能だし、如才がない。洋三は、ミチを最高のパートナーと思っていた。

洋三は岐阜県生まれで、ミチの五歳年上。苦労して東京専門学校（現在の早稲田大学）などで学び、英語を身につけた。明治二十三年（一八九〇）には、お茶屋のアメリカ視察団に通訳として採用された。その後もたびたび通訳として渡米し、英語に磨きをかけるとともに、多くの実業家や学者などの知遇を得た。

明治二十七年（一八九四）、洋三はそうした人脈を生かしてサムライ商会を開いたわけである。しかし、洋三はミチと結婚すると、店はミチに任せて、自分は外国に出かけた。ときには中国やイギリスにまで足をのばすこともあったという。

洋三は、そのように活動的だったが、ときには失敗することもある。そこで、ミチが手綱を引き締めるようになった。

ミチの英語は流暢だし、ユーモアもある。外国人客に好評で、商売もうまくいった。それればかりか、外国人中心の社交の場でも、ミチの魅力はいかんなく発揮された。さらには、外国商社に勤務する若い女性たちに、英語やマナーなどを教えたという。

太平洋戦争のときは、たいへんな苦労をした。洋三は昭和十三年（一九三八）からホテルニューグランドの取締役会長をつとめていた。ところが、敗戦を機に占領軍に接収され、厚木に降り立ったマッカーサーが最初にこのホテルに向かった。

ホテルニューグランドは、連合国軍最高司令官として正式に東京に入るまで、マッカーサーの宿舎となったのである。当時、このあたりは戦火で焼け野原になっていた。マッカーサーの軍事秘書官ホイットニーは回想記に「横浜は幽霊の町のようだった」と書いた。

接収は七年間もつづいたが、それでも野村夫妻は二階の日本間に住むことが許されていた。ホテルで働く日本人従業員も、他のホテルへ転職することもなく、働きつづけてくれた。それだけミチの気配りがゆきとどいていて、従業員たちの気持ちをしっかりつかんでいたのである。

温泉旅館の長女として育てられたことのすべてが、サムライ商会などの経営に役立った。

昭和二十九年（一九五四）には、文化交流に貢献したとして、夫妻連名で「横浜文化賞」

を受賞。昭和三十五年（一九六〇）十一月四日、満八十五歳の生涯を全うした。夫の洋三はその五年後、九十五歳で死去している。

## 相馬黒光《そうまこっこう》

一八七六〜一九五五

### クリームパンの創案者

いまでも東京・新宿中村屋のインドカリー、クリームパンのファンは多い。創業者は相馬愛蔵《あいぞう》、黒光の夫妻だが、とくに相馬黒光は商いに精を出す一方、多くの芸術家たちを支援してきた。明治という新しい時代を先駆する女性だった。

黒光は明治九年（一八七六）、仙台の元武家屋敷で生まれた。本名は良《りょう》。新しい時代にふさわしい、新しい教育を受けている。明治二十四年（一八九一）、宮城女学校に入学したが、その後、横浜のフェリス女学校を経て、明治女学校で学んだ。

明治女学校はユニークな学校で、芸術至上主義の精神を掲げ、島崎藤村らが教壇に立っていた。向学心の旺盛な黒光は、それらの学校で大きな影響を受け、『女学雑誌』や『文学界』などを愛読し、自らも小説家を目指して投稿をつづけたほどだった。

明治女学校の校長巌本善治《いわもとよしはる》は、その『女学雑誌』を発行し、女性の地位向上を主張していたほか、明治女学校ではキリスト教的な女子教育を実施した。妻の若松賤子《わかまつしずこ》は翻訳家として知られ、『小公女』などの訳書がある。

黒光が小説家を目指したのは、若松賤子にあこがれてのことらしい。また、黒光はペンネームだが、これは巌本善治が「あまりキラキラ輝くな」という意味を込めてつけたのだという。黒光は才気煥発な娘だったようだ。

やがて黒光は、明治女学校を卒業した直後の明治三十年（一八九七）三月、世話をしてくれる人がいて、信濃東穂高村の養蚕家の跡取り、相馬愛蔵と結婚した。愛蔵は二十八歳、黒光は二十二歳だった。

愛蔵は東京専門学校（早稲田大学）を卒業したあと、郷里に帰り、養蚕法改良の研究をしていた。しかし、そうした農家の嫁は、いろいろと苦労が多い。黒光は堪えることができなかったらしく、ついに明治三十四年（一九〇一）、夫の愛蔵を説得して東京へ出てきた。

こうして黒光は、本郷の東大正門前の小さなパン屋「中村屋」のおかみさんになったのである。この店は学生相手にはやっていたのだが、主人が相場で失敗。そこで、愛蔵と黒光夫婦が店はむろん、原料や職人、女中にいたるまで、そっくりそのまま買い取り、同じ屋号で商いをはじめたのだ。

黒光を知る人びとは、そのことを聞いても「文学少女のお良さんが、まさか」と、誰も信じなかったという。

夫の愛蔵は養蚕の研究があるので、信濃と東京を行ったり来たりする。そのため、店は黒光が一人で切り盛りした。黒光も研究熱心だから、お客さんに喜んでもらえるパンを、と新しいパンづくりに励んだ。

こうしてシュークリームをヒントにクリームパンやワッフルを創り出した。とくにクリームパンがたいへんな人気で、飛ぶように売れた。やがて、本郷の店が手ぜまになり、明治四十年（一九〇七）に新宿追分に支店を出し、つづいて明治四十二年（一九〇九）には、現在地に移転。ここを本店としたのである。

商品もクリームパンやワッフルのほか、黒光餅、黒光羊羹、黒光あられなど、種類を増やしていった。さらに、ロシアチョコレート、松の実カステーラ、中華饅頭、月餅《げっぺい》などを売り出したが、これらは黒光が夫の愛蔵とともにハルビン、北京などを旅行したときにヒントを得て、創案したのだという。

黒光が信濃にいたころ、荻原守衛《おぎわらもりえ》（碌山《ろくざん》）という絵の好きな少年がいた。彼はのちにフランスに渡り、ロダンの彫刻を見て、彫刻に熱中する。帰国後は制作に励む一方、中村屋へやってきて食事をすることが多くなった。守衛は、黒光を姉と慕っていたようだ。

その守衛を訪ねて、高村光太郎をはじめ、多くの芸術家たちが集まりはじめ、「中村屋サロン」と称されるようになった。

さらに大正四年（一九一五）には、亡命してきたインド独立運動の志士ラス・ビハリ・ボースを助けた。それればかりか、のちに娘の俊子を嫁がせたほどだった。

有名な「インドカリー」は、ボースの影響を受けて創り出した本格的なカレーである。そのほか、盲目のロシア詩人エロシェンコを四年間もかくまいつづけた、というからすごい。クリームパンやインドカリーを生み出し、芸術家を支援しつづけた相馬黒光。昭和三十年（一九五五）、八十歳の生涯を終えた。

## 福田英子《ふくだひでこ》

一八六五〜一九二七

### 爆発物を運んで逮捕

女性解放運動家として名を馳せた福田英子は、明治三十七年（一九〇四）、四十歳のときに出版した著書『妾《わらわ》の半生涯』のなかで、つぎのように記した。

「嗚呼《ああ》世には斯《かく》の如く、父兄に威圧せられて、唯だ儀式的に機械的に、愛もなき男と結婚するものの多からんに、如何で是等不幸の婦人をして、独立自営の道を得せしめんとは、此の時よりぞ、妾が胸に深くも刻み付けられたる願なりける」

縁談を機に「女性の自立」について深く考えた、というのである。当時、この意見に共感する女性は多かった。

英子は慶応元年（一八六五）、岡山藩池田家の家老に仕える下級武士、景山確《かげやまかたし》の娘として生まれた。父は十七俵二人扶持で、祐筆、役小姓などをつとめたが、暮らしは苦しく、寺子屋を開いていた。母の楳《うめ》は和漢の学問を教えた。明治五年（一八七二）には、岡山県立の女学校「女子訓練所」の教師に招かれているから、すぐれた教育者として定評があったようだ。

「女たりとて将来は無学で通るべきものに非《あ》らず、出来得る限り学問すべし」

楳のことばである。夫に寄りかからず、自立して生きようとしたが、その生き方は娘の英子に大きな影響をあたえた。

英子は小学校を優秀な成績で卒業し、明治十二年（一八七九）、十五歳で母校の助教となり、教育者としての道を歩みはじめる。ところが、やがて自由民権運動が全国に広がり、英子も影響されていく。

そうした状況のなかで、翌明治十三年（一八八〇）、十六歳の英子に縁談話が舞い込む。相手は海軍少尉藤井較一である。維新で生計の道を失った父は、結婚に期待してすすめたが、英子は承知しなかった。著書『妾の半生涯』に記したのは、このときの縁談だった。

英子は明治十五年（一八八二）、岡山心明座で開かれた演説会に出かけ、岸田俊子が主張する自由民権、女権拡張に共鳴。民権運動に目が開かれていった。

明治十六年（一八八三）、英子の家が女子親睦会によって設立された私塾「蒸紅《じょうこう》学舎」の教室にあてられる。英子は小学校をやめて塾に専念し、母や兄も尽力した。

ところが、明治十七年（一八八四）、自由党員の納涼大会に参加したという理由で、学舎の閉鎖が命じられた。英子は不当な弾圧に憤り、積極的に活動しようと、東京へ出た。東京では新栄《しんさかえ》女学校（女子学習院の前身）で英語を学んだりしていたが、明治十八年（一八八五）十一月、大阪事件に巻き込まれてしまったのである。

これは自由党左派の大井憲太郎《けんたろう》、磯山清兵衛、小林樟雄《くすお》らが朝鮮に渡航、改革派を支援し、クーデターによって政権を奪取しようとした事件だ。

英子はそれ以前から小林樟雄と婚約していたため、奔走して運動資金を集めたのに、その一部を磯山が持ち逃げする。それればかりか、小林樟雄をはじめ同志たちは、運動資金を持ち出して遊廓で遊ぶ。なんとも情ない思いをした英子だが、「すべては国のため」と、耐えた。しかし、同志とはいえ、このような腐敗ぶりでは事が成就するわけがない。明治十八年十一月、計画が発覚し、大井や小林は大阪で逮捕。英子は鞄に爆発物をひそませて長崎へ逃げたが、捕えられた。

首謀者大井憲太郎は重懲役九年、英子は軽禁固一年九か月の刑だった。その後、明治二十二年（一八八九）、憲法発布の大赦で出獄、「東洋のジャンヌ・ダルク」などと騒がれた。英子は出獄後、大井憲太郎と内縁関係を結び、一児をもうけた。ところが、憲太郎に裏切られて別れ、社会運動からも離れた。

とはいえ、英子は情熱家でもあった。『万朝報《よろずちょうほう》』記者で、社会改良主義者の福田友作と結婚し、三人の子をなしたのである。しかし、明治三十三年（一九〇〇）、夫の友作が死去。英子はその後、明治四十一年（一九〇八）、『世界婦人』を発行し、女性解放運動を展開した。

英子は強い意志の持ち主であり、自己を犠牲にしても女性解放のために闘いつづけた。昭和二年（一九二七）、六十三歳で生涯を終えた。

# 岸田俊子《きしだとしこ》

一八六四〜一九〇一

## 女性民権運動の先駆者

明治時代、各地で自由民権運動が起こると、女性のなかから男女同権を主張する女性民権家が現れる。岸田俊子は、そのトップランナーだった。

岸田俊子は文久《ぶんきゅう》三年十二月（一八六四）、京都で呉服屋岸田茂兵衛の長女として生まれる。小学生のころから成績は最優秀だった。十七歳のとき、文事御用掛として宮中に出仕、皇后に進講したが、二年ほどで辞任。その後、立志社《りっししゃ》の坂崎紫瀾《しらん》、宮崎夢柳《むりゅう》らと交わり、民権運動にかかわっていった。立志社は板垣退助らが高知で設立した政治結社である。

やがて板垣退助が自由党を結成すると、中島信行《のぶゆき》が副総理につく。その中島が大阪道頓堀の朝日座で演説会を催したとき、岸田俊子が登壇した。

明治十五年（一八八二）のことだが、当時の俊子はすらりとした出立《いでた》ちに、島田髷《しまだまげ》を結っていた。よく通る声で「婦女の道」と題し、女性の地位向上を説いた。理路整然とした話しぶりに、多くの聴衆が喝采した。これを手はじめに、俊子は関西、四国、九州など各地を遊説《ゆうぜい》してめぐった。女性運動の先駆者だったわけだ。

この年の五月十四日には、岡山で「岡山県女子に告ぐ」と題して演説。福田英子が俊子の演説を聴いて共鳴し、民権運動に加わったというのは、このときのことである。著書『妾《わらわ》の半生涯』に、つぎのように書いている。

「有名なる岸田俊子女史漫遊し来りて、三日間わが郷に演説会を開きしに、聴衆雲の如く会場立錐《りっすい》の地だも余さざりき。実《げ》にや女史がその流暢《りゅうちょう》の弁舌もて、滔々《とうとう》女権拡張の大義を唱道せられし時の如き妾も奮慨《ふんがい》おく能《あた》わず」

ところが、翌明治十六年（一八八三）十月、俊子が大津の四宮《しのみや》劇場で「函《はこ》入《いり》娘《むすめ》」と題する演説をしたところ、集会条例違反として警察署に拘引《こういん》されてしまった。

それはなぜか。俊子はこの演説で、女性の置かれている現状を批判し、女性の社会的自立と、そのため社会改良が必要だと述べた。俊子のいう「函」は、父兄の教育のことだが、函そのものを否定しているわけではない。

もっと自由に出入りできる函を、と主張。本来、それぞれの女性がもっている素質をのばす教育をする必要がある、と説いたにすぎなかった。

野に咲く花は自由に笑い、芳香を放つ。しかし、いまの娘たちは函に入れられた花のようなものであり、函の花はいずれ病気になるか、逃げ出すしかないなどと、たとえを引いて話したのである。聴衆にはわかりやすいし、若い女性たちの苦しみや悩みなどを指摘されたように思い、共感の拍手をした。

しかし、俊子の演説は学術演説会ということになっていたのだが、実際にはかなり印象がちがう。警察は「政治演説にあたる」として、俊子を逮捕したのである。

こうして、政府弾劾《だんがい》の政治演説をした罪、集会条例違反の罪ということで、罰金刑に処せられた。

俊子はこれを機に演説活動から離れた。翌明治十七年（一八八四）春に演説したのを最後として、文筆活動に力を入れはじめる。自由党の機関誌『自由燈《ともしび》』に、五月から十回にわたり、「同胞姉妹に告ぐ」と題する記事を書きつづけた。

男女の幸福とはなにか、という根本問題を提示し、男女のあいだでもっとも尊いものは恋愛である、というのが俊子の考えだった。

ところが、日本の男性は、女性は男性に従うものと考え、野蛮な振る舞いをしている。自由民権を唱える男性にしても、女性に対する態度は旧態依然として変わらない。そこで俊子は煽動するのだ。

「我が親しく愛しき姉よ、妹よ。旧弊を改め、習慣を破りて、彼《か》の心なき男らの迷いの夢を打ち破りたまえや」

こうまでいわれては、自由民権を唱える男性たちも赤面せざるをえない。

俊子は明治十七年、中島信行と結婚し、家庭人として夫を助ける。夫婦仲はきわめて睦まじく、俊子は精神的にも安定して幸せだった。しかし、夫がイタリア公使として赴任したとき、俊子も同行したが、病気でやむなく帰国している。明治三十四年（一九〇一）、三十九歳という若い死であった。

## 伊《い》藤《とう》野《の》枝《え》
一八九五〜一九二三

### 恋の遍歴を重ねる活動家

男から男へと渡り歩くといえば、ことばが悪いが、恋の遍歴を重ねるたびに成長するタイプの女性がいることは否定できない。女性解放運動家の伊藤野枝も、その一人だった。

野枝は明治二十八年（一八九五）、福岡県糸島郡今宿《いとしまぐんいまじゅく》（福岡市西区）に生まれた。生家は海産物問屋で豊かだったが、やがて倒産したため、叔母に育てられた。

東京上野高女に在学中の十七歳のとき、郷里で強制的に結婚させられたが、嫌でたまらず、家出をする。ふたたび上京すると、高女時代の英語教師であった辻潤《つじじゅん》のもとに身を寄せ、同棲生活をはじめた。大正元年（一九一二）のことだった。

辻潤のすすめで大正二年（一九一三）、平塚らいてうの青鞜社《せいとうしゃ》の社員となり、誌上で貞操、堕胎、公娼をめぐる論争に加わる。さらに習慣的、因襲的なものを打破しようとする姿勢を身につけていった。その後、大正五年（一九一六）一月、平塚らいてうのあとを継いで『青鞜』の編集長になった。

野枝は辻潤に個人主義を教えられ、自我に目覚めた。しかし、やがて足尾鉱毒《あしおこうどく》事件など社会問題に目を開いていく。これは古河《ふるかわ》財閥の経営する足尾銅山から鉱毒が流出し、渡良《わたら》瀬川《せがわ》下流の農民たちが大きな被害を受けた。農民たちは鉱業停止、損害賠償を求めて運動を起こし、社会問題になった事件である。

明治三十年（一八九七）三月三日には、八百人の被害者が上京し、日比谷《ひびや》練兵場に集まって、鉱業停止を求める陳情大会を開いた。その六年前には、すでに田中正造《たなかしょうぞう》が足尾銅山から流出する鉱毒について議会で質問したが、政府は「銅の増産は不可欠」というだけで、質問には答えなかった。

ところが、現実には鉱毒が渡良瀬川の魚を殺し、周辺の農地を無惨な姿にしてしまっていた。それなのになんの手も打たず、逆に日清戦争などによって銅の増産に力を入れた。その結果、鉱毒被害は、さらに拡大されたのである。

明治三十四年（一九〇一）十二月十日には、田中正造が足尾銅山の惨状をみかねて、天皇に直訴しようとしたほどだった。しかし、あえなく取り押さえられた。

大正時代になっても惨状は変わらない。大きな社会問題になっていたのだが、辻潤はまったく関心を示さない。野枝は、そんな辻に失望して別れた。

つぎに野枝が出会ったのは、無政府主義者の大杉栄《おおすぎさかえ》である。大杉は明治十四年（一八八一）生まれだから、野枝より十四歳年上だった。

じつをいうと当時、大杉には妻の保子《やすこ》がいたし、ほかに恋人がいた。『東京日日新聞』の記者として活躍していた神近市子《かみちかいちこ》である。

そこで大杉は、虫のいい提案をする。「三人の女性たちは、それぞれ経済的に自立し、大杉と別居しながら、大杉と自由な愛の生活をしよう」というのだ。しかし、そう都合よくいかない。経済的に自立しているのは、神近市子だけだった。野枝は当てにしていた小説が売れず、やむなく大杉のもとにころがり込み、同棲をはじめたのである。

やがて大正五年（一九一六）十一月九日、神近市子が葉山の日蔭茶屋《ひかげぢゃや》で大杉を刺し、重傷を負わせるという事件を起こした。その結果、神近は二年間の獄中生活をすごすことになる。妻の保子は愛想が尽き、大杉から離れていく。恋の勝利者となったのは、野枝だった。

野枝は大杉とともに『乞食の名誉』などの執筆をしたり、雑誌『文明批評』『労働運動』を発行したりした。

大正十年（一九二一）四月には、山川菊栄《やまかわきくえ》らが日本最初の社会主義婦人団体「赤瀾会《せきらんかい》」を設立したが、野枝はこの結成に参加している。革命の実現を目指して、精力的に活動をつづけていたのである。

その後、大正十二年（一九二三）九月十六日、関東大震災直後の混乱に乗じて事件が起きた。野枝が大杉栄、わずか七歳の大杉の甥の橘宗一《たちばなむねかず》とともに、憲兵大尉甘粕正彦《あまかすまさひこ》らによって連行され、麴町《こうじまち》の憲兵分隊で惨殺されたのだ。死骸は古井戸に投げ込まれた。

# 管野《かんの》すが
一八八一〜一九一一

## 「大逆事件」に連座した顚末

明治四十三年（一九一〇）五月二十五日、明治天皇の暗殺を企てたとして、各地で社会主義者、無政府主義者の検挙がはじまった。

「大逆事件《たいぎゃく》」と呼ばれる大事件に発展するが、その中心人物の一人が幸徳秋水《こうとくしゅうすい》である。管野すがは秋水と同棲中だったが、同じように検挙された。

管野すがは、どのような道を歩んできたのだろうか。

明治十四年（一八八一）二月七日、大阪で鉱山師管野義秀の娘として生まれた。父は大儲けをしたこともあり、一時は豪奢《ごうしゃ》な暮らしをしていた。しかし、鉱山師という仕事は浮き沈みが激しく、すがは父母とともに京都、東京、九州各地を転々としてすごした。

ところが、やがてすがの生活環境が激変する。明治二十五年（一八九二）、十二歳のとき、母のぶが死去。父は再婚するのだが、この継母がすがを虐待しはじめたのだ。それも尋常ではない。出入りの鉱夫にいい含め、すがに暴行させたのである。しかも、わざわざ「すがは身持ちの悪い女だ」などといいふらしたというのだから、そのあくどさには憤るほかない。

その後、明治三十二年（一八九九）、十九歳のとき、父の事業の損失の埋め合わせのため、好きでもない男と結婚。やがて離婚し、実家へ戻ったところ、父は事業に失敗したうえ、脳溢血で半身不随となった。すがには弟と妹がいたが、親代わりとなって生活を支えつづけた。どこまでも不幸が追いかけてくるような、悲惨な状況だった。

なんとか、そのような状況から脱出しようと思ったのだろうか。すがは小説家を志し、大阪の作家宇田川文海《うだがわぶんかい》に師事したが、まもなく男女の関係になっていく。

明治三十六年（一九〇三）には、キリスト教に興味を抱き、矯風会《きょうふうかい》に加わったこともある。さらに『平民新聞』の堺利彦《さかいとしひこ》と知り合い、社会主義に目覚めていった。

明治三十九年（一九〇六）、利彦の紹介で和歌山県田辺の『牟婁《むろ》新報』の記者となり、田辺に移り住む。さまざまな記事のなかで女性を励まし、鼓舞したが、じつに過激だった。

「奮起せよ婦人、覚醒せよ婦人。横暴なる男子を排斥せよ、貞操なき男子を排斥せよ、堕落せる男子を排斥せよ」

田辺では逸話が生まれる。同じように利彦の紹介で牟婁新報に入社した荒畑寒村《あらはたかんそん》と知り合い、恋愛し、翌明治四十年（一九〇七）には結婚した。もっとも結婚生活は一年ほどしかつづかなかった。

明治四十一年（一九〇八）六月二十二日には、すがは赤旗事件で検挙されている。

この事件は、東京神田《かんだ》の錦輝館《きんきかん》で催された社会主義者山口孤剣《こけん》の出獄歓迎会のあとで起こった。大杉栄、荒畑寒村ら幸徳秋水の直接行動論を支持する人びとが「無政府共産」などと白布で縫いつけた赤い旗を振りまわし、革命歌をうたいながら場外へ出ていく。阻止しようとする警官隊と衝突し、乱闘騒ぎになり、十数人が検挙された。

大杉が懲役二年六か月、荒畑は一年六か月など、十人が実刑判決を受けた。すがは無罪となった。

幸徳秋水は渡米したとき、無政府主義に傾斜。帰国後は「直接行動によって、一挙に無政府主義を実現する」と、主張していた。大杉、荒畑らは、これを支持し、行動に移したわけである。当時、幸徳秋水は郷里の土佐で妻と暮らしていたが、単身上京したところ、赤旗事件が起きたのである。

すがは、この事件の公判直後から秋水と同棲をはじめた。獄中の寒村に離別状を送ったが、同志はそれを許さず、すがを非難した。しかし、すがはまもなく秋水とも別れた。

その後、無政府主義の機関誌『自由思想』の発行人となったが、『自由思想』は発禁処分となり、すがは罰金刑をいい渡された。しかし、罰金を払うことができず、明治四十三年（一九一〇）、入獄させられた。

大逆事件が発覚したのは、その直後のことだった。事件については先に述べたとおりだが、警察はこれを反体制運動を弾圧する好機として、全国各地で数百人を検挙した。すがは検挙後、起訴され、明治四十四年（一九一一）一月二十五日、事件の中心人物として絞首刑となった。まだ三十一歳の若さである。幸徳秋水はその前日刑死したが、四十一歳だった。

## 畠山勇子《はたけやまゆうこ》

一八六五～一八九一

### 祖国を憂いて憤死

社会主義者というわけではないが、当時、「烈女」として話題を呼んだのが、畠山勇子である。明治二十四年（一八九一）、大津事件に国の将来を心配し、自ら決着をつけようとして京都府庁門前で自殺した。畠山勇子は、なにを考えて行動したのだろうか。

畠山勇子は慶応元年（一八六五）十二月、安房《あわ》（千葉県南部）鴨川《かもがわ》で生まれた。父は治平といい、手広く商いをしていたが、勇子が幼いころに病死。弟の文次郎ともども母が懸命に育ててくれた。

勇子は勉強好きだったが、そうした家庭の事情で小学校を卒業すると働きに出た。十七歳で嫁いだものの、相性が悪く、二十三歳で離婚。東京へ出て、女中として働きはじめる。大津事件が起きたころ、勇子は日本橋の魚商に雇われ、針仕事をしていた。人づきあいは苦手だし、遊ぶことも嫌いだった。芝居見物に誘われても断わるので、変人扱いされていたという。

しかし、政治や歴史への関心が高く、そうした本を読み、新聞も政治記事を熱心に読んだほど。そうしたさなかに、大津事件が起きたのである。

明治二十四年（一八九一）、ロシア皇太子ニコライは、シベリア鉄道の起工式に出席するついでに四月二十七日、日本を訪れていた。皇太子は五月十一日、人力車に乗って京都を出発し、琵琶湖見物をし、滋賀県庁で昼食をとった。

そのあと、京都へ戻る途中、大津町を過ぎるころ、警備中の津田三蔵《つださんぞう》巡査が剣を抜いて襲ったのである。皇太子は額に二か所の刀傷を負っただけで、さいわい命に別状はなかった。

政府は皇太子の来日に際して、大々的に歓迎の準備をした。皇太子の訪日は、まったく私的な遊覧旅行だったが、国民のあいだには、強国ロシアにたいする恐怖感もある。

犯人の津田三蔵は逮捕後の取り調べで、「ロシア皇太子の来日は日本侵略のため、調査にやってきたのだと信じ込み、凶行におよんだ」と自白した。三蔵は、誤解していたわけである。命に別状がなかったとはいえ、ロシア皇太子を襲ったのだから、ただではすまない。

明治天皇は心配して翌日、京都に急行。翌十三日、皇太子を見舞い、「健康が回復されたら、予定どおり東京旅行を楽しんでください」とすすめた。ところが、事件を知った本国からの電命《でんめい》で、皇太子は予定をとりやめ、神戸港に停泊中の軍艦に乗り込み、帰国の途についた。

市民からの見舞状も一万通に達したほどだった。なかには「外交上、面倒なことにならないか」とか、「最悪の場合は戦争になるかもしれない」など、心配する声も多い。さらに、国民全体が謹慎していることを示すため、歌舞音曲や興行が禁止されたほどだった。

畠山勇子は魚商で針仕事をしている平凡な女性だったが、それでも新聞を読み、噂を耳にして、事件のなりゆきに心を痛めていた。

主人や朋輩《ほうはい》に「心配だ」と話しても、相手にされない。やがて、じっとしていることもできず、勇子は「このたびの失態を一人の日本人として、命を捨てて償おう」と決意したのである。叔父の六兵衛に相談してみたが、憂国の志に燃えていた叔父も年老いたせいか、勇子を諌《いさ》めた。

「もう時代は変わったのだ。女の身で国家の大事を心配したところで、どうなるものではない」

それでも、勇子の決意は変わらない。浅草の質屋へ行き、衣類をあずけて旅費をつくり、京都へ出かけた。祖国のため、天皇のため、ロシア皇太子に謝罪し、国家の名誉と安全を守りたい。それが勇子の願いだった。

残念なことに、勇子が京都に着いたとき、皇太子はすでに神戸港から帰国の途についたあとだった。それでも勇子はあきらめきれず、五月二十日、日の暮れたあと、京都府庁の門前に白い布を敷いてすわり、剃刀でのどを突き、命を絶った。

二十八歳の悲愴な最期に、さまざまな反響があった。当初は「狂気の沙汰」という声が強かったが、勇子の真意が明らかにされると、称讃する声が出た。多くの人びとが「国を憂うる熱い心」に共感したのである。

# 第2章

# 鹿鳴館・国際舞台での活躍

# 井上武子《いのうえたけこ》

一八五〇〜一九二〇

## 武家の娘から鹿鳴館の貴婦人に

明治新政府の中心人物の一人として活躍した井上馨《かおる》。その妻武子は明治九年（一八七六）、欧米視察に出かける井上に、娘の末子と同行した。

アメリカ船アラスカ号に乗り、横浜港を出発したのは六月二十五日のことである。このとき、武子は二十七歳で、井上は四十二歳、末子は十三歳だった。

井上は天保《てんぽう》六年十一月（一八三六）、周防《すおう》国湯田村（山口市）生まれだが、武子は嘉永三年（一八五〇）、上野《こうずけ》国田嶋村（群馬県太田市）で生まれている。井上は長州藩士で、幕末には討幕運動に参加していた。

武子の父は新田俊純といい、やはり武士だから、明治になると、失業してしまった。俊純は生き残るために新政府に嘆願し、やっとのことで役職をもらったのである。こうして、武子も父と一緒に東京へ出てきた。

やがて武子は明治三年（一八七〇）、井上にめぐりあって結婚する。井上は大蔵省で腕を振るったが、いささかやりすぎたところがあって官職を辞し、商人になったものの、ふたたび官界に戻るなど、前途に迷っていた。

そこで井上は「どの道に進むにせよ、肝心なのは経済を知ること」と思い、西欧の経済事情を見聞するため、アラスカ号に乗ったのである。武子と娘を同行させたのは、西欧の生活を体験させ、社交性の豊かな女性にしようと思ったからだ。

じつをいうと、七年前の文久三年（一八六三）、井上は伊藤博文らとともにロンドンに半年ほど滞在し、さまざまなことを見聞した。そのとき、社交的な女性が外交などで重要な役割を果たしていることを知った。日本にもそのような場をつくり、武子や娘の末子にも一役買ってもらおうと考えていたのである。

武子もそうした井上に協力しようと、アラスカ号の船内で知り合ったアメリカ人女性から英語やマナーなどについて教えてもらった。船旅は長いから勉強には好都合だった。また、武子はこの船旅のあいだに、自分で丸髷《まるまげ》を解き、外国人女性のような束髪《そくはつ》に結い直してみた。

武子は本場ヨーロッパの社交界で、さらに本格的にファッションやマナー、そして英語を吸収しようと学んだ。当初、武子は背が低くて、やせていることを理由に、洋服を着るのを嫌った。いくらコルセットを締めても苦しいばかりで、なんとも恰好がつかない。

しかし、それでも最後にはすべて自分のものにしてしまった。洋服の着こなしもうまくなったし、英語は、のちに外務大臣夫人として有力な武器になったほどだ。

娘の末子は若いだけに好奇心が旺盛だし、西欧の生活や習慣にもすぐ順応した。武子はアメリカやイギリス、ドイツ、フランスなどに在留している公使夫人とも親しく交際し、人脈を広げて帰国した。

鹿鳴館《ろくめいかん》は明治十六年（一八八三）、外交を円滑に進めるため、外国人との社交の場として建設された。これを推進したのが井上馨である。開館記念の夜会は、その年の十一月二十八日に催されたが、武子は井上とともに主催者として名を連ねた。

諸外国の大使、外交官、それに明治政府の要人たちが、それぞれ夫人をエスコートしてやってくる。西欧の夜会と同じものを目指しただけに、武子はバッスル・スタイルのドレスを身につけ、井上は燕尾服姿で招待客を出迎えた。バッスル・スタイルは、腰の部分が後ろへ大きく張り出したスタイルで、鯨骨などでつくられたバッスルという腰当てを衣服の下につけた。

こうした夜会は毎日のように催され、武子は西欧文化を身につけた貴婦人として夜会を取り仕切った。外国で親しくなった公使夫人たちは、武子を助け、夜会を盛り上げてくれた。

しかし、鹿鳴館の夜会はあまりにも贅沢だったため、多くの庶民から反対運動が盛り上がる。やがて夜会は中止され、鹿鳴館そのものも明治二十七年（一八九四）に払い下げられ、華族会館として使われた。武士の娘だった武子は、懸命に努力し、日本の西洋化に一役買った。その後は陰で夫を支え、大正九年（一九二〇）、満七十歳の生涯を終えた。

# 大山捨松《おおやますてまつ》

一八六〇〜一九一九

## わが国初の女子留学生

鹿鳴館で夜ごと舞踏会が開かれていたとはいえ、ダンスの上手な女性はそれほど多くない。ドレスを着こなすのがむずかしいし、靴にもなかなか慣れることができなかった。

しかし、のちの陸軍大将大山巌《おおやまいわお》の夫人捨松は、そのなかで目立つ女性だった。体の均整がよくとれているうえに、目鼻立ちがはっきりしていて、洋服がよく似合った。しかも、西洋のマナーが身についているし、踊りも巧みで美しい。たちまち舞踏会の花形となった。

捨松は万延《まんえん》元年（一八六〇）、会津藩の家老山川重国《しげくに》の娘として生まれた。その年は、江戸城桜田門外で大老井伊直弼《いいなおすけ》が水戸浪士に暗殺されるなど、世情は騒然としていた。

やがて幕末の動乱が起き慶応四年（一八六八）八月には、新政府軍によって会津若松城が包囲される。この会津戦争では、白虎隊が飯盛山で自刃したり、城下では家臣の妻や娘たちが集団自殺をするなどの悲劇を生んだ。

幼い捨松も母とともに籠城し、たいそう苦労した。戦乱がおさまると、新政府は「北海道の開拓のため、良妻賢母を育てる必要がある」として、アメリカへの留学生を募集した。

そのことを兄から教えてもらった捨松は、さっそく応募した。幕末にはアメリカの黒船をはじめ、諸国の船が日本を訪れていた。そのようなこともあって、「海外へ出てじかに別の世界を見てみたい」と思ったのかもしれない。

ところで、捨松という名だが、もともとは咲子と名づけられていた。しかし、母親は娘の留学が決まると、「捨てたつもりだが、帰りを待つ」という願いを込めて、捨松と改名させたのである。

捨松はまだ十二歳だが、わが国初の女子留学生の一人として、明治四年（一八七一）十一月十二日、岩倉使節団の船に同乗し、横浜港から出発した。

女子留学生は五人だけだったが、サンフランシスコに到着したあと、捨松はニューヨーク州へ向かった。最初にポッケプレー女学校で学び、さらに名門女子大のバッサーカレッジへ進んだ。

捨松は好奇心が旺盛だし、順応性もある。すぐにアメリカの生活に溶け込み、自由主義や合理主義を身につけ、日本とは異なるタイプの女性として成長していった。留学期間を一年のばし、明治十五年（一八八二）五月、に帰国したが、すでに二十三歳である。

外国語は英語のほか、フランス語やドイツ語を自由に使いこなした。当時としては珍しい国際人である。しかし、捨松が身につけてきた作法や教養、ことばなど、日本ではほとんど通用しなかった。

やがて明治十六年（一八八三）、鹿鳴館が開館。夜ごと、鹿鳴館からはこうこうと輝く明かりがもれ、華やかな音楽が響いて、異国情緒に満ちていた。捨松は水を得た魚のように、シャンデリアの下で鮮やかに動き、外国人の相手をした。

捨松は、この鹿鳴館で大山巖に出会う。巖は妻を亡くしていたこともあって、捨松に一目惚れをし、求婚したのである。巖もフランス留学をしているから、「外国人と対等につきあっていける女性を妻に」と思っていた。捨松は、ぴったりの女性だった。

捨松は二十四歳だが、巖は四十二歳である。捨松は巖の熱意にほだされて、求婚に応じた。明治十六年、結婚披露パーティーは鹿鳴館で催されたが、内外千人もの人びとがお祝いに駆けつけ、たいへんな賑わいになった。

捨松もドレスを着て、アメリカ仕込みのホステスぶりを発揮。夜会に出席していた外国人たちは、感嘆しきりだったという。

さらに捨松は、のちに同じアメリカ留学生だった津田梅子《つだうめこ》が創立した女子英学塾（津田塾大学）の理事をつとめている。捨松は当初、女子教育にたずさわりたい、と願っていたから、はからずもそれがかなうことになったわけだ。

捨松は、日本で初めてのバザーを開いている。このように、アメリカで学んできた慈善事業を日本にも根づかせたい、と考えていた。捨松は結婚したからといって、家庭にひきこもるのではなく、社会活動を通じて女性の立場から日本の西洋化に尽力した。

大正八年（一九一九）、六十歳の波瀾に富んだ華やかな生涯を終えた。

# 伊《い》藤《とう》梅《うめ》子《こ》

一八四八〜一九二四

## ダンスの嫌いなトップレディー

伊藤梅子は、初代総理大臣となった伊藤博文《ひろぶみ》の妻だが、鹿鳴館舞踏会の花形の一人であり、文明開化が進むなかで貴婦人ぶりを発揮した典型的な女性といわれた。また、梅子は賢夫人との評判が高く、博文と梅子は、進取の気性に富む夫婦だった。

もともと梅子は、下関稲荷《いなり》町の置屋「いろは」の養女で、芸妓小梅《こうめ》として働いていた。座敷では、生まれつきの美しさと頭の回転が速いことで人気を集めていた。

伊藤博文は若いころ、吉田松陰《しょういん》に師事し、学んでいるうちに尊皇攘夷《そんのうじょうい》に目覚める。やがて尊攘運動に身を投じ、京都や江戸を奔走した。

そうした幕末激動期の文久三年（一八六三）、博文は井上馨《かおる》らとイギリスへ密航。西洋事情を見聞してまわり、翌元治《げんじ》元年（一八六四）に帰国した。

同じ文久三年、博文が二十三歳のときのことだが、松陰の同じ門下だった入江九一《いりえくいち》の妹すみをめとった。親が決めた花嫁だが、慶応二年（一八六六）には離別。結婚生活はわずか三年だった。

小梅が博文と出会ったのは、博文が帰国してからのことである。帰国した年、イギリス、フランス、オランダ、アメリカ四か国連合艦隊が下関を砲撃する、という事件が起きた。

博文は下関に滞在し、通訳として講和へ向け、尽力していたのだ。

当時、博文には妻がいたが、美しいうえに才気煥発の小梅に惹かれた。やがて相愛の仲となり、二人は下関新地で暮らしはじめた。博文二十四歳、梅子十七歳だった。梅子は正妻として迎え入れられたのである。

梅子は美しいだけでなく、たいへんな努力家でもあった。博文が出世していくのを見て、梅子も博文にふさわしい妻になろうと、努力したのである。芸者をしていたため、学校へ行けなかった。だから梅子は文字が書けない。結婚後、それではいけないと思い、練習をつづけ、やがて夫の代筆をするほど上達した。

そのほか、和歌を学んだり、英語の習得にも熱心だった。和歌は皇后と話題にできるほど上達したし、英語も手紙を書けるようになったというからすごい。

明治十六年(一八八三)には、文明開化の象徴のように鹿鳴館が開館した。最初の夜会が催されたのは十一月二十八日、招待客は千二百人におよんだ。

努力のかいがあって、梅子は首相夫人として振る舞うことができるようになったし、そのトップレディーぶりは誰もが認めるほどだった。

ところが、梅子はダンスを踊れないし、好きではなかったという。芸者をしていたせいかもしれないが、踊りといえば座敷での日本舞踊である。それでも夫の博文は、鹿鳴館の夜会を通じて外国との友好を深め、外交を推進したい、と考えていた。

妻としては、手助けしないわけにはいかない。そこで梅子は、自分では踊らないのに高官夫人たちを説得し、ダンスの練習会に引っぱり出した。

梅子は芸者のころから着慣れているため、着物を粋に着こなしていた。肌をあらわにしたイブニングドレスを着るのが苦手だった。

それというのも下関の芸者時代、よく背中に灸《きゅう》をすえたので、その跡が残っていたからである。風邪を引いたとか、腹をこわしたとか、すべて灸で治す、という習慣があったという。やむなくドレスを着ることもあったが、それは背中の隠れる地味なものだった。

文明開化の時代を懸命に生きた梅子だが、夫の博文は無類の女好きだったらしく、多くの上流夫人と浮き名を流し、世間を騒がせた。それでも梅子はじっと堪え、トップレディーとして生き抜いた。

博文は明治四十二年（一九〇九）、六十九歳のとき、ハルビン駅で狙撃されて死んだ。梅子はその後も生き、大正十三年（一九二四）に死去した。七十七歳だった。

# 陸奥亮子《むつりょうこ》

一八五六〜一九〇〇

## ワシントンの公使夫人

陸奥宗光《むねみつ》が駐米公使としてワシントンに滞在していたのは、明治二十一年（一八八八）初頭から翌年末までの二年間だった。妻の亮子も同行したが、これが亮子にとっての初めての外国暮らしだった。

宗光にはすでに前妻蓮子《れんこ》とのあいだに長男広吉《ひろきち》、次男潤吉《じゅんきち》と、二人の男の子がいた。亮子は長女清子《せいこ》を産んでいたが、宗光と亮子がアメリカに渡ったとき、次男潤吉と清子が同行した。

広吉はイギリスのケンブリッジ大学に留学中で、法律を学んでいたが、潤吉はニューヨークのコーネル大学に入学する予定だった。

亮子はワシントン滞在中、英会話に磨きをかけ、マナーを学んだほか、洋服の生活がつづいたものだから、洋服の着こなしも完璧になった。むろん、外交官夫人として夫をよく助けた。娘の清子は若いだけに、英会話やマナーなど、どんどん吸収していく。

公使館主催の夜会では、社会勉強をかねて清子も同席させた。亮子と清子は母娘なのに、招待客たちは「まるで姉妹みたい」と、ほめそやした。

イギリスの外交官アーネスト・サトウといえば、幕末から明治にかけて、日本での暮らしは二十五年におよぶ日本通だ。

明治十九年（一八八六）七月、夫の宗光と一緒にいる亮子と初めて会ったサトウは、日記に「若くて大変な美人、すずしい目とすばらしい眉」と記している。たんに容姿が美しいというだけでなく、気品とか教養を感じ取ったのではないだろうか。

亮子は、旧姓を金田といい、父は旧幕臣だった。維新後、新橋柏屋の芸者となり、座敷に出ていたが、頭がよく、美しいので引っぱりだこ。しかし、男嫌いで知られ、身持ちがかたいと評判だった。身持ちのかたさは、武士の娘だったせいかもしれない。

しかし、亮子は明治五年（一八七二）、十七歳のとき、陸奥宗光に見そめられ、結婚した。一説によると、亮子のほうが宗光に惚れていた、ともいう。宗光は二十九歳だった。

じつをいうと、宗光は二度目の結婚である。最初の妻は長男広吉、次男潤吉と、二人の男の子を産んだが、病弱だったらしく、明治五年（一八七二）、二十五歳で急死した。宗光が亮子と再婚したのは、その年のことである。翌明治六年（一八七三）、亮子は長女清子を産んでいる。

宗光は紀伊藩の重臣伊達千広《だてちひろ》を父として生まれたが、父は藩内の政争のため、改易幽閉されていた。宗光は脱藩者の仲間入りをし、やがて坂本龍馬《さかもとりょうま》の知遇を得て、勝海舟《かつかいしゅう》の海援隊に参加。維新後は、新政府内で木戸孝允《きどたかよし》に接近する一方、土佐民権派とも交流をもった。

明治十年（一八七七）、西南戦争が起きたとき、それに呼応する土佐派の政府転覆計画があった。宗光はそれに関与したことが発覚し、翌明治十一年（一八七八）、監獄に入れられたのである。

宗光は獄中から亮子に宛てて、やさしい文面の手紙をよく出した。それだけ妻思いだったのだろう。亮子は宗光が獄中にいるあいだ、三人の子を育てながら、よく辛抱した。

明治十六年（一八八三）、宗光は出獄すると、ヨーロッパへ留学し、国家学などを勉強した。亮子は病気がちだったようだが、宗光は妻の健康を案じ、「オートミールを毎日、食べるように」などと手紙に書いた。

帰国後は、宗光は駐米公使として、外交の表舞台に立った。亮子は、芸者時代から和服を粋に着ていたのだが、ローブデコルテも上手に着こなした。気品あふれる美しい姿に、外国人の外交官たちを感嘆させ、公使館主催の夜会でも評判だった。その後、明治二十五年（一八九二）、宗光は第二次伊藤内閣の外務大臣となる。このとき、亮子は三十七歳。気品にあふれる貴婦人として成長していた。

しかし、亮子の幸せは長くつづかない。宗光は肺に疾患をかかえ、苦しむようになった。それでも諸外国との外交に尽くしたし、亮子は夫を献身的に支えた。

明治三十年（一八九七）、宗光は五十四歳で病没。亮子はそのあとを追うように、明治三十三年（一九〇〇）に死んだが、まだ四十五歳という若さだった。

# 広瀬阿常《ひろせおつね》

一八五五〜?

## 世間をおどろかせた契約結婚

いまでは信じがたいことだが、明治の結婚事情は一夫多妻とか、妻妾《さいしょう》同居など、さほど珍しくなかった。それだけに明治八年(一八七五)、森有礼《もりありのり》と広瀬阿常が「契約結婚」をしたときには、世間はびっくりした。

阿常は開拓使女学校の才媛で二十一歳。森はのちに文部大臣となるが、このとき二十九歳だった。

森有礼は弘化四年(一八四七)、薩摩に生まれた。薩摩藩士だったわけである。一方、阿常は幕臣広瀬秀雄《ひでお》の娘だから、数年前までは敵同士としていがみ合っていた。そうした立場の男女が結婚するというのも珍しい。

それに結婚を前に、二人が「婚姻契約書」を取り交わすなど、あまり聞いたことがなかった。契約書には、夫婦がともに尊敬し、愛し合うのはむろん、夫婦双方の貞操の義務を認めること、とあった。また、共有する財産について、夫婦は対等の権利を有する、とあり、さらに、「この契約が一方的に破られたときは、官に訴えて公裁を願う」と明記されていた。

森は、かねてから近代的な一夫一婦論、夫婦対等論を展開していた。それは西欧の合理主義によるものだったが、森は自分の結婚で実証してみせようとしたのである。だが、世間は好奇の目でしか見なかった。

では、阿常はそうした西欧の合理主義を理解したうえで、契約結婚に賛成したのかというと、これはどうも疑わしい。

阿常は安政二年（一八五五）生まれだが、幕府が瓦解し、明治になると、一家は新開地で農作業をして生きるしかない、というところまで追い込まれていた。

そうした折、新政府は北海道開拓に従事する人材を養成するため、東京芝に開拓使仮学校を開設。さらに、それに付属するかたちで女学校もつくられた。宿舎制で、定員は十二歳から十六歳まで二十五人。明治五年（一八七二）のことだった。阿常は十八歳だったが、十六歳と偽って応募し、入学することができた。貧しい士族の娘にしてみれば、官費で学べるのが、なによりもうれしいことだった。

しかも、開拓使女学校にはオランダ人女性教師もいたから、新しい西欧の知識を吸収することもできる。阿常は英語を学び、ゆくゆくは教師になりたい、とひそかに思っていたのかもしれない。

やがて、ライマンという男性教師が阿常に一目惚れをし、開拓次官の黒《くろ》田《だ》清隆《きよたか》を通じて結婚の申し込みをしてきたのである。ライマンは二十歳も年上だし、阿常は断わったが、ライマンは納得しなかった。

そうしたときに、阿常は自分の配偶者にふさわしい、と考える男性が現れた。それが森有礼だった。阿常にしてみると、森と結婚すれば、北海道で開拓事業に汗を流す必要はないし、ライマンの気持ちを静めることができるかもしれない、と思ったのではないだろうか。

結婚して二年後の明治十年（一八七七）、阿常は特命全権大使として清国駐在を命じられた森に同行し、北京へ渡った。得意な英語を使い、外交官夫人として森の役に立つ。阿常は晴れやかな気持ちで、北京での日々を忙しくすごした。

その後、明治十二年（一八七九）、森がイギリス公使に任命され、阿常も一緒にロンドンへ赴いた。ロンドンでの生活は五年間におよんだ。その間、阿常は長男清、次男英を産んだが、子どもたちの名は駐在した国名から取ったものだろう。

明治十七年（一八八四）、阿常たちが帰国するとき、ロンドンの在留邦人たちが送別会を開いてくれた。そのとき、阿常の外交官夫人としての気配りや振る舞いなどを称讃する声が多かった。

ロンドンから帰国したのは明治十七年（一八八四）だが、ちょうど鹿鳴館での夜会が華やかに催されていたころである。ロンドンの社交界で洗練された阿常も、鹿鳴館で水を得た魚のように振る舞っていた。

翌明治十八年（一八八五）、森は第一次伊藤内閣のもとで文部大臣となった。二人の結婚生活もいよいよこれからと思われたのだが、明治十九年（一八八六）十一月、二人は婚姻契約を破棄し、離婚した。結婚生活は十二年で終わったわけである。

阿常は、二人の子を残して森家を去った。離婚の理由について、イギリスで不倫をし、青い目の子を産んだ、という噂が流れたが、結局のところ離婚の真相、その後の消息は明らかにされていない。

# モルガンお雪《ゆき》

一八八一～一九六三

## パリ社交界の花形に

いまは国際結婚が多く、さほど珍しいことではない。だが、明治時代には稀なことだった。文明開化の波が押し寄せ、急速に西洋化が進んだとはいえ、結婚となると別だった。どうしても好奇の目で見られる。まして海を渡り、異国の地で生活するとなれば、不安が大きく、勇気が必要だった。

モルガンお雪は、そうした勇気のある女性だった。お雪は本名を加藤ユキといい、明治十四年（一八八一）、京都で刀剣商を営む加藤平助の四女として生まれた。

ところが、早くに父を亡くしたため、床屋を営む兄に育てられた。やがて十四歳のころ、芸者だった姉が芸者置屋をはじめたことから、お雪はお抱えの芸者として、座敷へ出るようになった。清楚な感じの女性だったが、座敷ではよく胡弓《こきゅう》を弾いたので「胡弓のお雪さん」

と人気者になっていた。

十七歳のころ、京大生の川上俊介《かわかみしゅんすけ》という恋人ができたが、俊介の両親は二人が一緒になることに大反対。しかも、俊介は卒業すると、親が決めた女性と結婚したのである。

お雪は裏切られ、落ち込んだ。そこに現れたのがアメリカの大富豪の御曹子ジョージ・デニソン・モルガンだった。モルガンもまた失恋し、その傷をいやすために来日。各地を見てまわったあと、京都の祇園でお雪に出会ったのである。

モルガンは、やさしい気配りをしたり、胡弓を弾くお雪に一目惚れをした。モルガンは翌日も祇園にやってきて、お雪を座敷に呼んだ。その後、モルガンは、一旦は帰国したものの、翌年、来日してお雪に結婚を申し込んだ。

しかし、お雪としてはアメリカなどへ行きたくない。「芸者をやめるのに四万円が必要だ」と、出まかせをいって断わった。いまの一億円以上の金額だから、さすがのモルガンもあきらめるだろうと思ったのである。

ところが、モルガンはあっさりと、その大金を出した。こうなっては、お雪も覚悟せざるをえない。アメリカへ渡る決心をした。

こうして明治三十七年（一九〇四）一月二十日、横浜のホテルで結婚式を挙げたあと、船に乗ってアメリカへ向かった。

当時の日本社会はきわめて閉鎖的だったし、結婚相手は親が決めるものとされていた。

日本の女性が外国人男性と結ばれ、海外へ出ていくなど考えられないことだったのである。だから「金に目がくらんだ売女《ばいた》」とか、「国賊遊女」などと罵り、お雪に石を投げつける者もいた。

それでも二人は、幸せな気持ちでアメリカへ渡ったのだが、アメリカでは人種差別がひどく、お雪は辛い思いをする。「有色人種の異教徒」と差別され、社交界への出入りを禁じられてしまったのだ。

モルガンは新婚旅行ということで、お雪をヨーロッパへ連れていった。パリやニースなど、ゆっくりと各地をめぐったあと、大正二年（一九一三）、パリ郊外に落ち着く。お雪三十三歳、日本を離れて九年が経っていた。

やがてお雪は、パリ社交界の花形となった。異国の地で暮らす苦労はあったものの、ようやく幸せな日々をすごせるようになったのである。ところが、大正四年（一九一五）、所用があってアメリカへ出かけていたモルガンが帰路、スペインで心臓発作を起こし、急死してしまった。

その後、お雪はモルガンの遺言でアメリカへ帰化しようとしたものの、排日運動に阻まれ、実現できなかった。お雪は約六十万ドルの遺産を受け取り、二十数年もニースで暮らした。

それでも望郷の念を抑えきれず、昭和十三年（一九三八）三月、三十三年ぶりに日本の土を踏んだ。しかし、故郷の日本は、お雪をやさしく迎えてくれない。とくに太平洋戦争のさなかには、日本国籍を失っていたため、スパイの嫌疑をかけられたりして、苦労つづきだった。

それでも戦後は、養女を迎え、静かに暮らすことができた。昭和三十八年（一九六三）、たくましく生きた満八十二歳の波瀾の生涯を終えた。

## ラグーザ玉《たま》

一八六一～一九三九

### イタリアで腕を磨いた女性画家

女性ながら本格的に洋画を学ぼうとイタリアへ渡る。いまならそうした女性も多いだろうが、明治時代には稀有なことだった。ラグーザ玉は、そのようにして洋画を描きつづけ、画家として広く評価されるようになった。

ラグーザ玉は旧姓を清原玉といい、文久元年（一八六一）、江戸芝の増上寺差配の家に生まれた。なお、漆工家の清原英之助は兄である。

近代学校制度は、明治五年（一八七二）九月に公布された「学制」によって創設された。玉はその年、十二歳だったが、近くに開校した龍和小学校へ通った。

玉は幼いころから絵の好きな子どもで、絵手本草紙の絵などを写し描きして遊んだ。小学校に入ると、父に頼み込んで絵の塾に入門し、絵の手ほどきを受けたほどだった。

文明開化の世だから、なにか人とはちがうことをして有名になりたい、などと思ったわけではない。ただ絵が好きで、身近にある草花や猫などを描きつづけたのである。しかし、子どもにしては、じつにうまい。それを見た大人たちは玉をほめた。ほめられるとうれしいから、また懸命に描く。こうして腕を上げていった。

のちに玉の師であり、夫となる彫刻家ビンチェンツォ・ラグーザは明治九年（一八七六）、工部大学校美術校の教師として来日している。ラグーザはシチリア島パレルモの出身で、日本に初めて西洋彫塑技術を伝えた人物でもある。

玉がどのようにしてラグーザの知遇を得たのかよくわからないが、玉はラグーザに自分の絵を見せ、アドバイスをしてもらった。明治十一年（一八七八）ごろ、ラグーザのモデルにもなったが、このときの作品は東京藝術大学に所蔵されている。

その後、玉はラグーザに師事し、日本画から洋画を描くようになった。ラグーザは玉の画才に注目し、秘書兼モデルにしながら、一方では絵を教えたのである。

しかし、明治十五年（一八八二）、美術学校が廃止され、ラグーザはイタリアへ帰国することになった。玉は絵を勉強するいい機会と思い、両親を説得して、イタリアへ渡ることにした。

父親は、玉がイタリアへ行って絵の勉強をすることを許したが、ラグーザとは結婚しないこと、という条件をつけた。しかも、玉を監視するため、姉夫婦を同行させたのだ。

当時、イタリアまでの船旅は、五十日ほど要した。玉は、パレルモに着くと、ラグーザのすすめもあって、パレルモ大学の美術科に入学。イタリア語を学びながら、パレルモ大学では裸体画を学んだ。

ラグーザは、父親の条件を守った。だが、玉はやがてラグーザに、師匠というだけでなく、一人の男性として意識し、愛情を抱くようになったのである。イタリアに渡って七年後、姉夫婦が帰るとき、「まだ勉強の途中だから」といって同行するのを拒んだ。

実際には、ラグーザと離れがたい気持ちになっていたのだろう。玉は、父との約束を破って明治二十二年（一八八九）、ラグーザと結婚した。結婚式はパレルモの教会で盛大に行なわれ、玉はこの日からエレオノラ・ラグーザとなった。

父はその報せを伝え聞いて怒ったものの、遠く隔てた外国でのことだけに、どうすることもできなかった。

玉はそれ以降、南イタリア美術展に入賞したり、金賞を受賞する一方、教会の天井画を依頼されるまでになった。また、ニューヨーク国際美術展で婦人部門最高賞を受賞したこともある。

ラグーザは「玉を連れて日本へ行きたい」といっていたが、実現しないまま、昭和二年

（一九二七）に死んだ。そのころ、玉は日本のことばも文字も忘れるほどだったが、絵には「清原玉」とサインしていた。

日本へ帰国したのは昭和八年（一九三三）、七十三歳になっていた。夫ラグーザの代表作の石膏原型、自作の油彩画などを携えていたが、それらは東京美術学校（東京藝術大学美術学部の前身）に寄贈。昭和十四年（一九三九）、七十九歳で劇的な生涯を終えた。

## クーデンホーフ光子《みつこ》

（一八七四〜一九四一）

### パン・ヨーロッパの母

東京牛込の骨董商の娘とカレルギー伯爵の後継者。この組み合わせには、誰しも釣合いが取れないと、難色を示した。だが、その娘はいくつもの困難を乗り越え、「ウィーン社交界の花形」とか、「パン・ヨーロッパの母」とも称されるまでになった。

その娘とは明治七年（一八七四）、青山喜八の三女として生まれた青山光子であり、カレルギー伯爵の跡継ぎとはオーストリアー・ハンガリー代理公使として日本に駐在中のハインリッヒ・クーデンホーフ＝カレルギーだった。二人が知り合ったのは、光子が十八歳のときのことである。

ハインリッヒは、たまたま転倒した馬から落ちて怪我をした。当時、外国人を異人といって怖れる人が多かったのに、その事故を目撃した光子は店から飛び出すと、近くにいた人を指図し、ハインリッヒを家に運び入れ、医者を呼んで手当てをしてもらった。

これがきっかけとなり、二人はことばを交わすようになる。ハインリッヒは、外国人に少しもものおじしない光子の自然な振る舞いに、すっかり魅了された。光子も、すらりとして精悍な顔つきのハインリッヒに惹かれていった。

しかし、ヨーロッパの外交官で日本人女性と結婚したという例はない。果たして商人の娘が伯爵の妻になれるのか。ハインリッヒの親は、二人の結婚を認めなかった。光子の両親も反対だったが、最後にはハインリッヒの誠意ある説得に折れた。

やがて、明治二十六年（一八九三）に長男のヨハンが生まれる。その年、ハインリッヒの父が死去したため、ハインリッヒがクーデンホーフ家の当主となり、ようやく正式な結婚届を出すことができた。翌年、次男のリヒャルトが生まれた。

こうして明治二十九年（一八九六）、光子は夫と二人の息子とともに、夫の故郷オーストリアへ渡った。夫の領地はロンスベルクで、二つの城があり、広大な森林が広がっている。光子は幸せな新しい生活がはじまると思った。

ところが、クーデンホーフ一族や親戚たちは、侮蔑や嫉妬の入りまじった冷たい視線を向けてくる。東洋の娘が伯爵を継ぐハインリッヒの妻になったことが許せない、と思っていたのだろう。光子は辛い日々を余儀なくされた。

光子を支えたのは、むろん夫の献身的な愛情である。光子も日ごろの鬱屈した気持ちを晴らそうとして、習い事をはじめた。語学や歴史、地理、油絵、乗馬にまで挑んだ。

その後、光子は五人の子をもうけ、子育てに励んだが、末っ子の七人目が生まれたあと、結核を患った。ハインリッヒは、光子とともにイタリアの南チロルへ移り、光子の療養に専念した。

光子の病気はまもなく快復したが、こんどは夫のハインリッヒを悲劇が襲った。明治三十九年（一九〇六）五月、心筋梗塞のため、急逝したのである。ハインリッヒ満四十六歳、光子は三十三歳だった。

ハインリッヒは、長男ヨハンがロンスベルク城の後継者となるほか、光子が全財産の相続人であり、七人の子どもたちの後見者である、との遺言状を残していた。一族親戚はうろたえたが、直後に「光子が相続人であるのは不適任」として訴訟を起こしてきた。

光子は弁護士に任せるだけでなく、自らも法律を学び、広大な領地や資産の管理事務も自分でやろうとした。光子にあったのは、夫の遺言を守り抜くという強い意志と行動力だった。

やがて光子は、上の二人の息子をウィーンのテレジアーヌム・アカデミーに入学させた。マリア・テレジアが創立した貴族の子息が通う寄宿制の大学である。光子もこれを機にウィーンへ移り住んだが、光子は若々しく、颯爽としていたらしい。そのため、ウィーンの社交界から招かれ、サロンへ出入りするうちに、たちまち花形としてもてはやされるようになった。

光子は、その後、次男のリヒャルトを年上の女優と恋仲になったとして勘当した。だが、リヒャルトは大正十二年（一九二三）、ＥＣ（欧州共同体＝ＥＵの前身）の理念であるパン・ヨーロッパ運動を提唱。そのため、光子はのちに「パン・ヨーロッパの母」といわれた。

誰もが経験したことのない異国での困難を克服した光子の努力は報われたというべきだろう。昭和十六年（一九四一）八月、満六十七歳で没した。

## 小泉節子《こいずみせつこ》
一八六八〜一九三二

## ラフカディオ・ハーンのよき伴侶

世界的に知られる『怪談』の著者小泉八雲《やくも》は、もとの名をラフカディオ・ハーンといい、日本に帰化して日本名を名のった。

小泉節子はハーンの妻だが、明治という時代のなかで、外国人男性と結婚をし、ともに暮らしていく、というのは並大抵のことではなかった。夫婦とはいえ、育った国も環境もちがうし、価値観も異なるのだ。そのなかで、節子が安らかになれたのは、ハーンが心から日本をひいきにしていたことだった。

節子は、どのようにしてハーンとめぐりあったのだろうか。

慶応四年二月（一八六八）、節子は松江藩士小泉湊《みなと》の次女として生まれた。しかし、節子は生後まもなく、縁戚の稲垣家に養女として出される。明治になると、社会も人びとの生活も一変した。稲垣家は没落。実父の湊が織物工場をはじめたため、節子はそこで働いた。

やがて節子は、婿養子を迎える。明治十九年（一八八六）、満十九歳のときのことだが、困窮をきわめた稲垣家が稼ぎ手を求めた、という事情もあったらしい。

しかし、夫はまもなく大阪へ出奔する。節子は夫を捜し当て、帰ってくるよう説得したものの、夫は承知せず、結局、離婚を決意。節子は離婚と同時に、小泉家へ籍を戻した。

夫となるラフカディオ・ハーンが中学校の英語教師として、松江に赴任してきたのはそれから四年後、明治二十三年（一八九〇）八月のことである。

ハーンは一八五〇年（嘉永三）、英国軍医の子としてギリシャで生まれた。少年時代をロンドンですごし、十九歳で渡米したのちはジャーナリスト、作家として活躍。やがて怪談や幻想的なものに愛着を抱くようになり、日本への関心を強めたという。

節子は松江中学の牧師からハーンを紹介された。まもなくハーンは、節子に愛情を覚えたらしい。松江の暮らしのなかで、節子の苦労をしながらもけなげに生きる姿に心を打たれ、惹かれていった。

こうして翌明治二十四年（一八九一）、節子はハーンと結婚する。ハーンはその後、熊本の中学校に転任したり、神戸クロニクル社の記者になったりしたあと、明治二十九年（一八九六）、日本に帰化し、小泉八雲と称した。上京して東京帝国大学講師となったのも、この年のことである。

節子は、八雲とのあいだに一雄、巌、清という三人の男の子、寿々子《すずこ》という女の子、合わせて四人の子を産んだが、家庭的な女性ではなかったようだ。浪費家だとか、ヒステリー症だとか、体裁を飾る人など、さまざまな批判があった。

なんの欠点もない人など存在しないが、節子にはその反面、語《かた》り部《べ》としての才能があったのである。

節子と八雲の会話だが、節子は単純な英語を発するだけだし、八雲も同じように日本語の単語を並べるだけで、不自由なことが多かったはずだ。しかし、二人はそうした会話でも、なんとか相手を理解しようとした。

八雲は、そうした会話を駆使しながら、熱心に執拗《しつよう》に節子から古き日本の怪談を聞き出そうとする。さらに、八雲は「怪談の書物は私の宝です」と語っていたが、節子は古本屋を歩いて、そのような本をさがし、夜になると、八雲に語って聞かせた。

すると、八雲は「本を見て話すのではなく、あなたの言葉、あなたの考えでなければいけません」と、注文をつけた。節子は、八雲に応えようとして、本をよく読み込み、自分のものにしてから話すようにしたのである。

こうして世界的な名作『怪談』が生まれたわけだ。節子の立場から見れば、節子のなかに眠っていた語り部としての才能が、八雲によって目覚めさせられた、といってもよい。むろん、節子はハーンのよき伴侶だったし、『怪談』という作品をまとめあげるという仕事に関しては、二人はじつにいい組み合わせだった。

ところが、明治三十七年（一九〇四）九月、八雲が五十五歳で急逝する。国際結婚といえば、いまなら明るい未来が広がるという印象が強い。しかし、明治・大正では世間の目が冷たい。節子はそうした視線をはね返し、たくましく生きた。昭和七年（一九三二）に没したが、六十五歳だった。

## ガントレット恒子《つねこ》

（一八七三〜一九五三）

### 結婚届を拒否された国際結婚

明治の国際結婚は、相手が外国人というだけで「親子の縁を切る」などと大反対された。しかも、区役所では「前例がない」といって、結婚届を受けつけてくれない。ガントレット恒子はそのような時代の荒波を乗り越え、国際結婚のお手本となった女性だった。

ガントレット恒子は明治六年（一八七三）、愛知県碧海《へきかい》郡箕輪《みのわ》村で生まれた。父は山田謙三といい、藩医の息子で、母久《ひさ》は馬術指南役の娘だった。両親は東京へ出て商売をはじめたものの、うまくいかず、恒子は一時、母の妹が嫁いだ大塚正心《おおつかしょうしん》の養女になった。正心は医者だったが、生涯を救癩《きゅうらい》事業に捧げたといわれる。

明治十一年（一八七八）、六歳のとき、番町に開校した桜井女学校に入学、寄宿舎生活がはじまった。二年後、学校が経営難に陥ると、矢島楫子《やじまかじこ》が引き継いだ。当初、恒子は楫子に反発していたが、やがてきびしいなかにもやさしさを秘めていた楫子先生に心酔し、楫子の側近として尽くした。

明治二十三年（一八九〇）には、宇都宮の女子学院分校に英語教師として赴任したが、そのあと、前橋の共愛女学校で教えた。明治二十五年（一八九二）、二十歳のとき、矯風会《きょうふうかい》に入会している。

矯風会は、アメリカの禁酒運動からはじまった国際的な社会浄化運動団体で、日本では矢島楫子が東京婦人矯風会を組織し、禁酒・廃娼《はいしょう》・平和を目的にして活動。明治二十六年（一八九三）にはキリスト教関係の婦人団体に呼びかけて、日本基督教婦人矯風会を結成し、矢島楫子が会頭についた。恒子も、その運動に熱心だった。

恒子がイギリス人の英語教師エドワード・ガントレットと結婚したのは明治三十一年（一八九八）、二十六歳のときのことだった。前橋の共愛女学校で英語教師をしているとき、同じ教師で、宣教師のパミリー夫人がガントレットを紹介してくれたのだ。

母親に相談したところ、大反対だったし、どうしてよいか迷った。だが、師の楫子は「結婚に国籍など関係ない」といってくれたので、恒子はガントレットの愛情を受け入れることにしたのである。

明治三十一年（一八九八）、東京芝の聖アンドレ教会で結婚式を挙げたものの、とんでもない事態が起きた。区役所に結婚届を出そうとしたところ、「前例がない」といって拒否されたのだ。

困った恒子は、内務省や司法省、外務省に出向き、手続きをどうすればよいか、訊ねてみた。答えは「これまで外国人と日本人との結婚届を受けたことがないのでわからない」というものだった。

その後、恒子は法律家に相談し、「山田恒子は失踪した」ということにして、日本国籍を抜くことにした。それと同時に、イギリス人になる許可証を求めたところ、やがてイギリスから許可証が届き、恒子はイギリスの国籍を手に入れたのである。

ガントレットはアメリカ大使館の書記補のほか、麻布中学校の教師をつとめていたが、明治三十四年（一九〇一）には、岡山に創立されたばかりの第六高等学校に赴任する。恒子も岡山では山陽高等女学校に勤務し、英語とオルガンを教えた。

その後、金沢、山口と転任し、大正五年（一九一六）に上京したが、それからというもの、恒子は矯風会など本格的に社会運動に打ち込んだ。昭和二十一年(一九四六)には、矯風会の会頭になっている。

昭和二十八年(一九五三)、多くの人びとに惜しまれながら、八十一歳の天寿を全うした。明治時代には数少ない国際結婚をし、結婚届を受けつけてもらえない苦しみを味わい、それでも男二人、女四人と六人の子どもを立派に育て、教育と社会運動に尽くした生涯だった。夫のエドワード・ガントレットは昭和三十一年(一九五六)、満八十七歳で死去している。なお、作曲家の山田耕筰《こうさく》は、恒子の弟である。

# 山下《やました》りん

一八五七〜一九三九

## ロシアで絵画を学ぶ

幼少のころから絵が好きだ、という少女は多い。しかし、絵画を学ぶためにロシアへ留学した少女は、山下りんが初めてだった。

山下りんは安政四年(一八五七)、常陸《ひたち》国笠間《かさま》藩(茨城県笠間市)の下級武士、山下重常《しげつね》の長女として生まれた。当時は幕末動乱期で、明治四年(一八七一)には廃藩置県が断行された結果、武士は失業して生活が苦しくなった。

山下家では、りんが七歳のとき、父が死去していたからなおさらだった。そこで、りんが年頃になると、農家の嫁にという話が出た。農家なら食料の援助が受けられる、とでも思ったのだろうか。

ところが、幼いころから絵が好きだったりんは、翌明治五年（一八七二）、家出をして東京へ向かう。ひたすら歩き、やっとのことで親戚の家にたどりついたというのに、郷里に連れ戻されてしまった。

若い娘が絵を学ぶために家出をし、東京へ行くなど、考えられない時代である。だが、母はりんの強い意思を察したのだろう。やがて、りんの上京を許した。

りんは明治六年（一八七三）、晴れて東京へ出てくると、歌川派の豊原国周《くにちか》のところに住み込み、女中をしながら師匠の絵を模写するなどして学んだ。

一方では洋画が台頭してくる。りんは洋画に関心を抱き、新進の洋画家中丸精十郎《なかまるせいじゅうろう》に師事した。

その後、明治九年（一八七六）、東京虎ノ門に工部省工学寮付属として工部美術学校が開校。予科、画学科、彫刻科の三科に分かれていたが、予科では投影図法など基礎を教えた。

当時、工部卿は伊藤博文《いとうひろぶみ》、美術学校長は大鳥圭介《おおとりけいすけ》（工作局長として兼任）。洋画の教師はイタリア人の画家フォンタネージである。ほかに建築家カッペレッティ、彫刻家ラグーザが同じようにイタリアから招かれ、教鞭をとった。

なお、ラグーザが帰国するとき、絵の勉強をするため、ラグーザに同行してイタリアに渡った女性がいる。清原玉だが、のちにラグーザと結婚し、ラグーザ玉として知られるようになった。

工部美術学校は、当時としては珍しく男女共学だったから、りんも画学科を受験し、入学した。同期生には小山正太郎、浅井忠らの英才がいたし、りんの師匠である中丸精十郎も入学している。

りんはフォンタネージについて、洋画を学んだ。ところが、明治十三年（一八八〇）、二十四歳のりんのところに突如、ロシア留学の話が舞い込む。

じつは、同じ時期に美術学校に入学した山室政子《やまむろまさこ》の絵が、ロシア正教の神父ニコライの目にとまり、ロシアへの留学が決まっていた。しかし、準備が整っていたというのに、政子が岡村竹四郎と結婚し、ロシアへ行けなくなった。

そこで、りんが政子の代わりにロシアへ留学することになったのである。りんも、政子の紹介でニコライから洗礼を受けていた。

ロシア留学といっても、当時は船旅だから日数がかかる。明治十三年十二月十二日、フランスのメレザレ号で横浜港を出発したあと、ホンコン、シンガポール、インド洋を経て、スエズ運河を通り、ボスポラス海峡を抜けて黒海に出る。黒海北岸のオデッサに上陸したが、ここまで五十日を要する船旅だった。

そのあとは、鉄道でモスクワを経由し、首都ペテルブルク（現サンクト・ペテルブルク）へ向かった。

りんの留学先はペテルブルク女子修道院で、りんが描かされたのはロシア伝統のイコンだった。しかし、りんは本格的な絵画を学びたいと思い、許可を得て、エルミタージュ美術館に通った。だが、修道院はイタリア風の絵を嫌い、美術館通学は三か月で禁止された。

日本語は通じないし、絵のことでも思いが理解されず、身心ともに疲れ果てる。りんは、死を覚悟したこともあったらしい。

日本へ帰国したのは明治十六年（一八八三）のことだが、それ以降はひたすらイコンを描きつづけた。晩年は白内障のため、絵筆がとれなくなったという。

昭和十四年（一九三九）、八十三歳で天寿を全うした。枕頭にはお見舞いの一升瓶がずらりと並んでいたというから、りんは相当な酒好きだったようだ。

## 杉本鉞子《すぎもとえつこ》

一八七三〜一九五〇

### ベストセラーになった『武士の娘』

明治から大正にかけて、三十年近くもアメリカで暮らした杉本鉞子。日本の生活や文化を紹介する『武士の娘』を書いたが、アメリカで出版され、なんと九か国語に翻訳されるベストセラーとなった。当時としては、珍しい出来事だった。

杉本鉞子は、明治六年（一八七三）に生まれた。父は元長岡藩家老稲垣平助《いながきへいすけ》で、子育ては武家だけにきびしかったようだ。名の「鉞」は「まさかり」、すなわち斧に似た大形の道具で、樹木を伐るのに使う。

女子の名としては不自然だが、父平助は男子の誕生を望んでいたので、女の子が生まれたのに、あえて男の子のような名をつけたのだという。

文明開化の世とはいえ、稲垣家では武家風のきびしいしつけをしていた。鉞子は幼いころから孔子を学んだり、寒中稽古と称して習字を習った。

この習字が並のものではない。東の空が明るみはじめると、乳母が幼い鉞子を起こす。肌を刺すような寒さのなかで着替えをし、筆や墨などの道具をそろえてから縁側に出ると、乳母は雪沓《ゆきぐつ》を履き、鉞子を背負い、庭の木々の小枝へ歩いていく。

枝についた新しい雪をとって部屋へ戻り、雪を硯《すずり》に入れて墨をする。こうして習字の稽古をしたのだ。たんに文字を書くだけでなく、きびしさに耐える精神力をつけさせられたのである。

やがて十三歳になると、アメリカにいる兄の紹介で、まだ一度も会ったことのない杉本松之助と婚約。渡米するのだから英語が必要だと思い、東京の青山女学院に通って勉強した。

その後、明治三十一年（一八九八）、満二十五歳のとき、アメリカへ渡る。婚約者の杉本松之助は当時、オハイオ州シンシナティに店をかまえ、日本の美術品や骨董品、雑貨などを商っていた。

店の客にジョン・ウィルソンがいた。もともとは弁護士だったが、のちに政治家になり、リンカーン大統領の側近になったという人物だ。

杉本のところに嫁が来るということを知って、ウィルソン家は大歓迎。アメリカの生活に慣れるまで約一か月、鉞子をあずかり、アメリカでの家政のやり方、料理などを教えてくれたのである。

鉞子はその後、ウィルソン家の応接間で結婚式を挙げ、正式に結婚した。アメリカの生活にも慣れ、二人の娘も生まれて、鉞子は幸せだった。

しかし、不況に襲われて杉本の店は倒産。鉞子はやむなく二人の娘を連れて、日本へ帰ってきた。明治四十三年（一九一〇）のことだが、夫の杉本はそれからまもなく病で急逝した。

夫がいなくなったというのに、鉞子は大正六年（一九一七）、ふたたび渡米する。ニューヨークに居をかまえ、原稿を書いては新聞社や雑誌社に売り込む。文筆で生活しようと、挑戦をはじめたのである。

日本文化に興味を抱く人が増えたのだろう。コロンビア大学から依頼され、日本文化史と日本語の講義をしたが、七年もつづいた。

もっとも鉞子は、アメリカで生活しているあいだ、一度も洋服を着ることなく、和服で通した。幼いころから武家の娘として、きびしく育てられたからだろうか。

女学生たちはやさしく、雪の日などは「足袋《たび》と草履《ぞうり》では冷たいでしょう」といって、タクシーで迎えに来てくれるほどだった。鉞子の人柄が愛されて、好ましい関係が生まれていたようだ。

鉞子を取り巻く環境が一変したのは、日本の生活や文化を紹介する『武士の娘』を書いたことだった。江戸時代の封建制のなかで、支配階級に属する家老職の家庭生活がどんなものだったかなどに触れている。

この本は大正十四年（一九二五）、ニューヨークで刊行されたが、九か国語に翻訳され、世界中の人びとに読まれた。

日本人女性が英語で本を書き、世界各国で読まれてベストセラーになったわけだ。しかし、昭和二年（一九二七）には三十年近くのアメリカ生活に終止符を打って帰国した。

帰国後も執筆活動をつづけ、ニューヨークのドーラン社から『成金の娘』『農夫の娘』『お鏡《きょう》お祖母さま』を出版している。昭和二十五年（一九五〇）、満七十七歳で病没した。

# 第3章

# 芸の道で花開く

# 川上貞奴《かわかみさだやっこ》

―一八七一～一九四六―

## 代役でデビューした女優第一号

川上音次郎《おとじろう》は「オッペケペー節」で日本中の人気者となり、明治二十四年（一八九一）には「川上書生芝居」の一座を結成し、歌舞伎にたいして新演劇を興した。川上貞奴は、音次郎の妻だった。

やがて音次郎は、妻の貞奴を連れてアメリカに渡り、興行を打つ。これは、わが国演劇界初の海外公演だが、貞奴も舞台に立った。アメリカ人観客に評判がよく、「マダム貞奴」と、声がかかったほどだった。

貞奴は、日本の女優第一号といわれるが、もともと女優になりたくて、なったわけではない。明治四年（一八七一）、東京日本橋の商家の娘として生まれ、名を小熊貞といった。しかし、七歳のとき、生家が倒産したため、葭町《よしちょう》の芸者置屋の養女となった。

貞は、そのころから器量よしで評判だった。置屋の女将《おかみ》は「この子は将来、売れっ子芸者になる」と判断し、貞に踊りや三味線などをきびしく教え込んだ。

その後、十四歳になると、小奴という名をもらい、芸者としての道を歩みはじめるのである。座敷ではその美貌と明るさ、頭の回転のよさがたちまち評判となった。やがて、時の宰相伊藤博文がパトロンになる。こうして小奴は伊藤の後ろ楯を得て、貞奴を名のり、一躍有名になった。

貞奴はそれからというもの、乗馬をするなど気ままな暮らしを楽しんでいたが、あるとき、乗馬の途中で野良犬に襲われた。貞奴は、その場に居合わせた慶應義塾の学生桃介に助けられ、それを機に二人は親密な関係になっていく。

ところが、桃介は福沢諭吉に見込まれ、次女の房子と結婚。貞奴は失恋の憂き目にあう。傷心の日々をすごす貞奴の前に現れたのが、川上音次郎だった。このころ、音次郎は「オッペケペー節」で人気者になっていたが、貞奴も共鳴し、やがて明治二十七年(一八九四)に音次郎と結婚した。貞奴二十四歳のときのことである。

貞奴は音次郎の妻として、一座を盛り立てようとするものの、音次郎はつぎからつぎと破天荒なことをする。東京の神田三崎町《みさきちょう》に、川上座という劇場を建てたのだが、興行成績が芳しくない。そのため、すぐ差し押さえられてしまった。つぎに総選挙に出馬して落選。この結果、音次郎は莫大な借金を抱え込んだ。

当然、どこかへ逃げ出したい、という気持ちになる。それならいっそ外国にでもと、アメリカへ渡った。明治三十一年(一八九八)のことである。しかし、音次郎の一座は男だけだから、男が女形として女を演じる。日本では違和感がないが、当時のアメリカではグロテスクとしか見られず、評判はさんざんだった。

そのうえ、途中で女形が急死してしまった。やむなく貞奴が急速、代役をつとめることになり、芸者のころに鍛えた歌や踊りを演じてみせたのである。これは女形とちがって、女が女を演じたのだからわかりやすく、エキゾチックな美しい芸に拍手喝采だった。シカゴでは「神秘的な東洋美の極致」と、絶讃を浴びたほどだ。

貞奴は、このようにアメリカで代役として初舞台を踏み、女優の道を歩き出したのである。明治三十三年（一九〇〇）のパリ博でも公演し、評判になった。フランスの新聞『フィガロ』は、なんと「マダム貞奴の芸はエッフェル塔より高い」と、誉め称えたのである。パリには多くの芸術家がいたが、誰もが貞奴の舞台を見てファンになった。満十九歳のピカソもその一人で、客席から舞台の貞奴をスケッチしていた。

しかし、明治四十四年（一九一一）、音次郎が四十八歳で病死すると、貞奴はあっさり女優をやめてしまった。その後、貞奴はかつての恋人、桃介と組んで事業に手を染めたり、株で儲けたりしたが、桃介とはあくまでも事業のパートナーでしかなかった。

貞奴は芸者から女優、そして事業家へと変身したが、彼女にはそれだけ男まさりの大胆さがあったのだろう。女性が忍従を強いられた時代に、生きたいように生きた珍しい女性だった。昭和二十一年（一九四六）、満七十五歳で没した。

## 天下一の女性奇術師

# 松旭斎天勝《しょうきょくさいてんかつ》

一八八六〜一九四四

当時としては大柄で色白、グラマラスな女性。それが「奇術の女王」と謳われた松旭斎天勝だった。

しかし、天勝は奇術とはかかわりのない質屋の娘として生まれた。本名を中井かつ、という。父は栄次郎、母は静である。

裕福な家で、かつは幼いときから踊りや常磐津《ときわず》を習っていた。だが、父が別の事業に手を出して失敗。そのため、かつは二十五円の前借金と引き替えに、天一《てんいち》一座に入れられたのである。

それまでの手品は、仕掛けがあるとはいえ、技巧を尽くして観客を錯覚させたり、鍛えた肉体を駆使して「常識破り」をやってみせる、というものだった。

かつの師匠松旭斎天一は、長崎でアメリカの奇術師ジョネスに雇われ、上海での興行に同行。大仕掛けの西洋奇術を学び、これを身につけて帰国すると、日本人初の西洋奇術をやってみせ、大成功をおさめた。明治二十二年（一八八九）のことである。

明治二十七年（一八九四）ごろには、天一の弟子は百人を超すほどだったという。中井かつが一座に入ったのはその後、かつ十二歳のときだが、天一はかつを見て素質を見抜き、「天勝」の芸名をあたえた。

先輩たちはそれを妬み、かつに意地悪をする。だが、そんなことでめげる天勝ではない。奇術の稽古に励み、さらに自分なりの工夫を加えて技を磨いた。

やがて明治三十二年（一八九九）、天勝は一座のスターになった。

そのころ、一座は奇術のほか、コミカルな寸劇やダンスなどを加え、西洋風なショーとして人気を集めていた。とくに天勝は奇術も見事だったが、「羽衣《はごろも》ダンス」という演目では、スパンコールをつけた薄物の衣装を着て、当時としては珍しい洋舞を踊り、拍手喝采を浴びた。

その後、明治三十四年（一九〇一）、一座はアメリカ巡業へ出た。ところが、最初のサンフランシスコでは、白塗りのメイクと不自然な表情が奇異だし、演技が遅すぎるなど観客の不満が続出して失敗に終わった。

つぎからはそれを反省し、演出のテンポをアメリカ風に早くした。さらに日本舞踊を加えるなど、プログラムを組み直したことが功を奏し、しだいに人気が出てきた。三年間、アメリカ各地を巡業したあと、ヨーロッパに渡った。明治三十七年（一九〇四）、天勝は十九歳。外国人には「キュートなスター」として話題になった。

ところが、途中で日露戦争がはじまったことから帰国を余儀なくされた。翌明治三十八年（一九〇五）、帰朝公演を行なう。天勝はタイツ姿で舞台に登場するや、西洋奇術をスピーディに繰り広げ、観客をおどろかせた。各地を巡業したが、いずれも大入りとなり、天勝の人気は鰻登りだった。

残念なことに、天一は大正元年（一九一二）、六十歳で病死。天勝は二十七歳でそのあとを継ぎ、朝鮮や中国など意欲的に興行してまわった。

大正四年（一九一五）、天勝は辣腕マネージャー野呂辰之助《のろたつのすけ》と結婚したが、一座はこれがもとで分裂。しかし天勝一座はいよいよ華やかに活躍する。この年の六月、天勝一行は新橋駅から上野公園内にある不忍池《しのばずのいけ》の家庭博覧会へ、五十台以上の人力車を連ねたパレードを行なった。

ギリシャ式の扮装で、太夫はフロックコートにシルクハット、若い娘たちは牡丹色のドレスに水色のパラソル。人力車のあとには、水色の洋装にバラ色のボンネット姿の天勝が馬車に乗ってつづいた。

さらに大正四年には、川上貞奴が本郷座で、松井須磨子《まついすまこ》が芸術座で「サロメ」を演じ、話題を集めていた。天勝も彼女たちに対抗して「サロメ」を上演、太評判だった。

しかし、昭和二年（一九二七）、野呂が死去。天勝はその悲しみを乗り越え、昭和六年（一九三一）には新橋にレストランを開き、「ハリウッドの味」と称してパンやケーキを売り、「お子さまランチ」を初めて売り出した。

その後、昭和十二年（一九三七）に日中戦争がはじまると、座員が出征したりして、舞台どころではなくなった。それから数年して食道がんとなり、昭和十九年（一九四四）十一月、五十九歳で死去した。奇術の黄金時代を築くのに一役買った生涯だった。

## 井上八千代《いのうえやちよ》（一八三八〜一九三八）

## 「都おどり」の原型を創った舞の名手

いまでも京の春は「都おどり」ではじまる。舞台の緞帳《どんちょう》が上がり、「都おどりはヨーイヤサー」と、甲高い声が響く。それとともに花道からは、華やかな衣装を身につけた踊り子たちが手に桜の枝と扇を持ち、つぎつぎに姿を現す。観客は絢爛《けんらん》豪華な舞台に引き込まれる。

この「都おどり」の第一回目、振付を担当し、「都おどり」の原型と様式をつくりあげたのが井上八千代（三世）であった。

井上八千代は天保九年（一八三八）、京の二条堀川で商家の次女として生まれた。父は吉《よし》住彦兵衛《ずみひこべえ》、母はわきという。本名は吉住春子である。

京では、情操教育を重んずる伝統があったから、良家では女の子がいれば、師匠をさがして幼い娘に芸事を仕込んでもらう。春子も六歳のときから舞を習いはじめた。よほど舞が好きだったのか、稽古熱心だったし、めきめき上達したというから、舞の才にも恵まれていたのだろう。やがて春子は、二世井上八千代に入門した。

初世井上八千代は江戸後期の人で、地唄舞《じうたまい》などから独自の舞をつくりあげたことで知られる。それは優美で、品格のある舞だが、のちに井上流の京舞と称されるようになる。いまでも井上流は京舞の代表的な存在だ。

地唄舞はもともと優美な舞で、上方でうたわれた地唄を伴奏に舞う。しかも、座敷舞がもとになっているだけに、静的な美しさが魅力になっている。一方、舞台芸の踊りは、江戸で完成された歌舞伎踊《かぶきおどり》の流れを汲み、動的な美しさが特徴だ。両者は対照的だった。

さて、春子だが、十二、三歳のころ、生家が没落した。二世八千代は、それを機に春子を内弟子として引き取ったが、没落に同情したわけではない。あくまでも春子の天賦の才能を認めてのことである。

二世八千代は、初世と同じように厳格な人だった。しかし、内弟子といえば聞こえはいいが、実際には下働きに明け暮れるありさまで、舞の稽古をつけてもらうのは、三か月に一度くらいしかなかった。それも、師匠がお手本に舞ってみせると、それをすぐに師匠の前で舞い、教えを受けるというものだった。

それでも春子は舞の稽古に励み、十五歳ごろには代稽古をつとめるほどになった。慶応元年（一八六五）、二十八歳のときには敦賀《つるが》へ稽古に出かけている。

春子は若狭《わかさ》で舞の会を開こうとしたが、幕末動乱のさなかで、舞の会を開くどころではない。やむなく京の師匠のもとに帰り、井上流の舞に励んだ。春子が帰ってきたとき、井上吉兵衛という男と一緒で、その後、九人の子を産んだが、つぎつぎに死去したという。慶応二年（一八六六）には、井上流の名取となる。

慶応四年（一八六八）九月八日には明治と改元され、翌明治二年（一八六九）三月、江戸が東京と名を変え、ここに遷都された。明治天皇も東京へ赴く。

一方、京の町は、灯が消えたようにさびれた。しかし、京都の人びとは、もとの活気を取り戻そうと、さまざまな企画を考えた。その一つが明治五年（一八七二）に催された「京都博覧会」である。その付属イベントとして「都おどり」が企画され、春子が振付者に指名されたのである。春子は三十五歳だった。

そのころの京舞には井上流のほか、いくつかの流派があって、祇園町には篠塚《しのづか》流の踊り手が多かった。当初、企画者側はそれらの流派の踊り手を出演させようと考えていたが、春子は井上流に一本化することを主張し、結局は受け入れられたのである。

これを機に、井上流は座敷舞から舞台舞踏へと新しい分野に挑戦したわけだが、大成功に終わり、京都に新風を吹き込むことになった。このころ、春子は三世を継いだ。

その後、明治七年（一八七四）、三十七歳のとき、十歳年下の片山九郎右衛門晋三と二度目の結婚をした。晋三は観世《かんぜ》流の能役者として名人といわれた人物で、二人のあいだには三人の子が生まれている。

しかし、晋三は明治二十三年（一八九〇）、四十三歳の若さで病没した。春子はその後も舞いつづけ、昭和十三年（一九三八）、天寿を全うした。百一歳と長寿だった。

## 竹本綾之助《たけもとあやのすけ》
（一八七五〜一九四二）

### 美声で女義太夫の花に

女義太夫《おんなぎだゆう》界の花形スターとなった竹本綾之助は、明治八年（一八七五）に生まれた。本名を石山園《いしやまその》という。父は石山源兵衛といい、松江藩の大坂蔵屋敷《くらやしき》詰だったが、維新後は錺屋《かざりや》を営んでいた。

園は幼いとき、叔母お勝の養女となったが、そのころから頭は五分刈りだし、着物も男の子みたいな筒袖《つつそで》である。しかも、男まさりで腕白だった。

しかし、大阪では当時、娘に義太夫や三味線を習わせるのがはやっていた。お勝は三味線など遊芸が好きなこともあって、園を連れて義太夫を習っていたが、やがて幼い園も義太夫を聞き覚え、上手に語るようになった。

お勝はまもなく、園を連れて上京し、明治十八年（一八八五）には園が玉之助《たまのすけ》の名で、猿《さる》若町《わかちょう》の文楽座に出る。芸達者な子どもが舞台に立つのが珍しかったせいか、たちまち人気者になった。彼女は幼いのに勉強熱心で、初代竹本綾瀬太夫《あやせだゆう》に弟子入りし、玉之助を綾之助に改め、芸を磨いた。

翌明治十九年（一八八六）、わずか十二歳だというのに、両国の新柳亭で真打ちの看板をあげた。美少年の姿で舞台に出ると、たいへんな人気ぶり。絵草紙屋も綾之助の一枚絵を出したが、飛ぶように売れた。

名声は高まるばかりで、地方公演でも超満員になった。明治二十四年（一八九一）には、綾之助は声が自在に出て、たいそう通りがよく、節も滑らかにまわって細やかにゆきわたる、などの評も出ていたのである。

ところで当時、女義太夫は娘義太夫とも呼ばれて流行。学生など若い男性ファンは、下足札を叩きながら「どうする、どうする」と、熱狂的に叫んだ。このようなファンを「どうする連」といったが、なかにはストーカーまがいの者もいたらしい。

綾之助にも取巻きのファンがいて、慶應義塾などの学生たちが熱狂したという。一般的に女義太夫は品行が悪く、酒呑みだ、などと評判が悪かったのに、綾之助は芸人にしては真面目といわれていた。やがて明治二十五年（一八九二）、十八歳の綾之助は、ファンの一人である石井健太と婚約した。

石井は綾之助より七歳年上で、慶應義塾を卒業したあと、横浜で貿易商の支配人をつとめていた。その後、商売のために渡米し、明治三十年（一八九七）に帰国。翌明治三十一年（一八九八）、綾之助は「結婚を機に引退する」と宣言したのである。

女義太夫の頭は銀杏返《いちょうがえ》しと決まっていたが、綾之助は引退興行で丸髷《まるまげ》を結おうとした。暗に「私には亭主がいますよ」という意思表示だが、なんとなくてれ臭い。そこで三味線弾きにも声をかけ、全員が丸髷で舞台に上がったものだから、観客はその意外性に大喜びした。

引退興行の寄席は、十二歳のとき、真打ちの看板をあげた両国の新柳亭である。綾之助が結婚したのは二十四歳、健太は三十一歳だった。しかし、喜びは長つづきしない。健太の事業が挫折したのだ。

健太は相場に手を出し、儲けていたものの、明治三十三年（一九〇〇）、大暴落のあおりを受け、莫大な借金を背負った。それなのに、ふたたび相場をつづけ、明治三十七年（一九〇四）には無一文になる。綾之助一家は、どん底生活を余儀なくされた。

やむなく綾之助は明治四十一年（一九〇八）、ふたたび高座に出る。引退して十年経つというのに、綾之助の人気は衰えず、客は殺到した。

その後、明治四十三年（一九一〇）、綾之助は一門藤菱《ふじびし》会を結成する。女義太夫は当初、学生たちがファンだったのに、やがて学生は離れ、職工や電車の車掌、銀行や会社の給仕、新聞配達などのファンが増えた。

そのように客層の質が変化した一方で、浪花節《なにわぶし》の人気が高くなった。女義太夫を取り巻く環境が激変したのである。綾之助は義太夫を再検討し、改めるべきところは改めようとした。しかし、明治末期になると、娯楽が多様化したり、交通網が発達して、人びとの行動半径が広がっていく。

その結果、女義太夫は下火になった。それでも美声とあでやかな容貌で人気を集めた綾之助は、舞台に上がりつづけた。昭和十七年（一九四二）に死去したが、六十八歳だった。

## 松井須磨子《まついすまこ》

一八八六～一九一九

### オフェリア役で女優デビュー

「カチューシャ可愛《かわい》や別れのつらさ…」という「カチューシャの唄」を大ヒットさせ、絶頂にあった松井須磨子。大正八年（一九一九）一月五日、明治座の『カルメン』に出演中、小道具部屋で緋縮緬《ひぢりめん》の扱《しご》きを梁《はり》にかけ、首を吊って死んだ。まだ三十四歳である。あまりにも急な死に、世間はあっとおどろいた。

須磨子は大正時代を代表する女優だが、明治十九年（一八八六）、信州の清野《きよの》村（長野県長野市）で生まれた。本名は小林正子である。

明治三十五年（一九〇二）春、十七歳のときに姉を頼って上京。千葉の木更津《きさらづ》で旅館を営む鳥飼万蔵《とりがいまんぞう》と結婚したが、わずか数か月で離婚した。

その後、須磨子は女優を志し、明治四十二年（一九〇九）、坪内逍遥《つぼうちしょうよう》の文芸協会演劇研究所に入り、第一期の研究生となった。逍遥や島村抱月《しまむらほうげつ》は、新しい演劇活動の旋風を巻き起こそうと意気込み、研究生たちをきびしく訓練した。

須磨子は熱心に稽古に取り組んだ。しかし、小学校を出ただけだから、シェイクスピアの『ハムレット』など原書の戯曲が読めない。ところが、授業のテキストになっていたので、読む努力が必要になる。須磨子はカタカナで発音を書き込み、勉強をしたところ、短期間で読めるようになった。

たいへんな努力家だったのである。やがて須磨子は、明治四十四年（一九一一）五月、文芸協会第一回公演『ハムレット』の舞台に立つ。オフェリア役に抜擢され、デビューしたのである。

須磨子は、当時の日本女性としては背が高かったし、独特の張りのある声、大胆な演技などで、たちまち注目を浴びた。

その年の秋には、島村抱月の演出で、イプセンの『人形の家』が上演される。須磨子は新しい女ノラを演じ、大好評を博した。このころから、二人は男女の関係となり、須磨子は抱月との奔放な恋に陥る。抱月は妻子ある大学教授だし、須磨子はすでに当代一の人気女優だ。

やがて二人の恋は世間の噂になり、人の道に背く、と非難の声も湧き上がる。そのせいもあって、須磨子は文芸協会を追われたが、大正二年（一九一三）には文芸協会も解散。新たに若い演出家たちが芸術座を創立すると、須磨子も参加した。抱月も大学教授の地位と妻子を捨てて加わった。

翌大正三年（一九一四）三月、芸術座の旗揚げ公演として、トルストイの『復活』を帝国劇場で上演した。脚色は四十四歳の抱月、主演は二十九歳の須磨子がつとめたのである。この『復活』で「カチューシャの唄」をうたい、須磨子の人気は不動のものとなった。

ところが、突然、破局が襲ってくる。大正七年（一九一八）のことだが、スペイン風邪が大流行、抱月も感染し、あっけなく死んでしまったのだ。須磨子は駆けつけて遺体にとりすがり、号泣した。

須磨子はその後、魂が抜けたかのように、物静かな女に変わった。やがて、自ら人生の幕を閉じる。

翌年、「私はやっぱり、亡き人のあとを追います」との遺書を残し、命を絶ったのだ。抱月が死んだのは前年の十一月五日だから、ちょうど二か月後の命日である。須磨子は名声を捨てて、愛人のあとを追った。誰しもそう思ったが、それだけではない。

抱月の死後、須磨子は、いわば「第二の抱月」を求めて、何人かの男を口説いて援助を頼んだが、それに応じる男はいなかった。当時は、パトロンがいなければ女優としてやっていけない、という時代である。須磨子は、必死に女優として生きつづけようとしたのだろう。

さらに抱月の死後、強情で驕慢《きょうまん》な須磨子の行動にたいして、劇団員たちの不満が噴き出した。須磨子にしてみれば、愛する人の死もさることながら、後ろ楯を失い、周囲の冷たい視線にさらされ、我慢がならなかったにちがいない。

それが須磨子を自殺へと駆り立てたのではないか、とも思える。須磨子は女優としては一流だったが、人間的には未熟だったようだ。

## 三《み》浦《うら》環《たまき》

一八八四～一九四六

### 二千回演じた『蝶々夫人』

日本人として初めて世界的な名声を得たプリマドンナ三浦環。よく知られるオペラ『蝶々夫人（マダム・バタフライ）』への出演は、なんと二千回にもおよぶ。

環は明治十七年（一八八四）、東京芝で、公証人柴田孟甫《もうほ》の娘として生まれた。父方の祖母は声が美しく、「うぐいす小町」と呼ばれたほどだったが、環はその祖母に似て美しい声の持ち主だった。

東京女学館に在学中、環の美声におどろいた音楽教師が「ぜひ音楽学校へ進むべきだ」と、アドバイスしたほどだ。ところが、父親は大反対で、早く結婚することをすすめた。相手は陸軍軍医藤井善一である。

環は「どんなことがあっても音楽学校は卒業する」との条件をつけ、明治三十三年(一九〇〇)、東京音楽学校に入学。音楽学校では既婚者の入学を許可しないことになっていたため、藤井善一との結婚は内祝言ですませた。

善一はその後、北京へ赴任したので、環は音楽に専念することができた。在学中の明治三十六年(一九〇三)、二十歳のとき、日本人によるオペラの初演『オルフェオとエウリディーチェ』で主役に抜擢され、美しいソプラノで観客を魅了した。

この成功によって、翌明治三十七年(一九〇四)に卒業したあとは、母校の助教授になった。夫の善一は十二歳年上だが、夫婦仲は円満だった。ところが、善一は帰国後、仙台への赴任が決まる。妻としては、国内だから同行するのが普通だが、環は音楽をつづけるため、同行を拒んだ。結局、二人は離婚する。明治四十二年(一九〇九)、環が二十六歳のときのことだった。

当時は、そのような理由で離婚するなど、とんでもないことである。環は「帝国軍人の妻の座を捨て、洋楽にうつつをぬかす女」と、指弾《しだん》された。

しかし、環はへこたれない。まもなく東大医学部助手三浦政太郎と結婚する。明治四十四年（一九一一）、帝国劇場が開場し、環は歌劇部の首席歌手となった。

大正三年（一九一四）、夫とともに渡欧。第一次世界大戦がはじまっていたが、イギリスで指揮者ヘンリー・ウッドに認められ、翌大正四年（一九一五）、ロンドンのオペラハウスでデビューしたのである。

環は日本人初のプリマドンナとして『蝶々夫人』を演じ、絶讃を博した。五月三十一日のことだが、この日、ハプニングが起きている。公演中にドイツの飛行船ツェッペリン号がロンドンを初めて空襲したのだ。

環は懸命にうたいつづけていて、空襲の騒ぎに気がつかない。うたい終わって気づくと、客席は空っぽで、環が舞台に取り残されていた。しかし、『タイムズ』など各紙が激賞し、公演は大成功だった。

このニュースは世界をめぐり、日本でも国中が熱狂した。かつて軍医との離婚が非難され、スキャンダルとして騒がれたが、いまや掌を返したように、環を英雄視するようになった。

その後、夫とともにアメリカに渡り、各地で『蝶々夫人』を演じた。夫の政太郎はイェール大学に籍を置き、医学の研究をつづけている。

大正九年（一九二〇）にはローマで公演。『蝶々夫人』の作曲家プッチーニが楽屋を訪れ、

「あなたは、もっとも理想的な蝶々さんです」と誉め称えた。

『蝶々夫人』の公演が二千回になったのは昭和十年（一九三五）だが、これを機に国際舞台から引退。翌昭和十一年（一九三六）に帰国した。夫の政太郎は昭和四年（一九二九）に死去していたが、環はアメリカにいて死に目にあえなかった。環は帰国すると、さっそく墓参し、夫の墓の前で泣きながら独唱した。

しかし、国内は軍国主義が強まり、やがて『蝶々夫人』は敵性音楽とされ、うたうこともできなくなった。戦争が終わると、環は昭和二十年（一九四五）暮れ、日比谷公会堂で独唱会を開いた。六十二歳のやせた体で、シューベルトの「冬の旅」をうたった。

じつはことのとき、環の腹部ではがんが進行中だった。翌昭和二十一年（一九四六）五月二十六日、華麗な人生の幕を閉じた。六十三歳だった。

## 森《もり》律子《りつこ》

一八九〇〜一九六一

### 苦労をはねのけて花形女優に

女優の草分けとして活躍した森律子だが、いまでは想像もつかない苦労の連続だった。

当時は、女優といってもまだ社会的に認知されておらず、世間から非難されたり、罵倒されたりした。そればかりか、親類からは交際を拒絶されたり、母校の校友会から除名される始末だった。

もっとも悲惨な出来事は、一高生の弟房吉が姉への非難を苦にして自ら命を絶ったことだった。女優になるには、それほど辛い茨の道があったのである。だから途中で挫折する人が多かったが、森律子はそれを乗り越え、花形女優といわれるまでになった。

森律子は明治二十三年（一八九〇）、弁護士で代議士の森肇《はじめ》の次女として、東京の京橋で生まれた。跡見《あとみ》高等女学校を卒業しているが、律子は寄宿舎に入って学んだ。この学校は良家の令嬢が多く、律子もその一人だったわけである。なに不自由のない少女時代だった。

ところが、明治四十一年（一九〇八）、十九歳のとき、転機が訪れる。川上音次郎と川上貞奴夫婦が女優養成所を開設し、第一期生の募集をしたのだ。

律子はその新聞広告を見て、雷に打たれたかのようなショックを受けた。

「平凡な結婚はしたくないし、なにか自分を生かす仕事をしたい。それには、女優がぴったりではないか」

そう思って両親に話したところ、父親は大反対。律子は、それをなんとか説得して応募したのである。女優養成所はその後、経営難になったが、準備中の帝国劇場がそのまま経営を引き継ぎ、名称を帝劇付属技芸学校と改めた。

律子は女優修業に熱心だったし、才能もあったのだろう。技芸学校を首席で卒業、明治四十四年（一九一一）、わが国初の本格的な洋式劇場として帝国劇場が開場すると、『頼朝《よりとも》』の浦代姫《うらよひめ》役で初舞台を踏んだ。

父親は当初、女優になることに大反対だったが、律子の初舞台をたいそう喜んでいた。五百人の有名人を精養軒に招き、初舞台の祝賀会を催したほどだった。上流階級の令嬢が女優になったというので、たいそう評判になった。

しかし、冒頭にも述べたように、無理解な非難も浴びせられた。律子自身は「なにがあろうと、この道を貫く」という覚悟ができたが、弟のように心の折れてしまう人間もいた。弟の自死は、当然のことだが、律子の心に大きな傷を残した。

その後、律子は帝劇専属の尾上梅幸《おのえばいこう》、松本幸四郎《まつもとこうしろう》らの指導を受け、古典歌舞伎も演じた。こうして芸域を広げていったが、その一方、帝劇の重役で、劇作家でもあった益田太郎冠《ますだたろうか》者《じゃ》が書く喜劇が人気を集めていた。

律子もその喜劇に主役として出演。動きが機敏だし、演技が大胆で、愛嬌もあると人気を集めた。こうして律子は長いあいだ、帝劇のトップスターとして、舞台に立ちつづけたのである。

律子と益田太郎冠者は、やがて女優と作家という関係を超え、男と女として深いつきあいとなり、その噂は世間にも広まった。

ところが、昭和四年（一九二九）、ニューヨークのウォール街からはじまった世界恐慌のあおりを受け、日本も未曽有の不況に巻き込まれていく。

帝劇も松竹の経営に変わったが、同時に律子も松竹へ移籍した。律子はすでに四十歳。舞台ではもっぱら脇役にまわり、主役の座は後輩たちが占めるようになった。

昭和十九年（一九四四）といえば、太平洋戦争が激化。サイパン島の守備隊が玉砕したり、国内では学童疎開がはじまるなど、演劇どころではなくなった。律子はこの年、引退している。

戦後はしばらく静かにしていたが、昭和三十一年（一九五六）、意外なかたちで舞台に復帰する。それは江戸時代、小田原で盛んだった女舞「桐座《きりざ》」を復興させ、桐大内蔵《きりおおくら》と名のった。まわりの人びとにすすめられてのことだが、まもなく病を患い、半身不随となってしまった。近代演劇界に大きな歴史を刻んだ森律子だが、昭和三十六年（一九六一）、七十二歳の生涯を終えた。

## 末弘《すえひろ》ヒロ子《こ》

一八九三〜一九六三

### 初のミス日本となった女学生

日本の女性たちが急速に洋装化したのは、鹿鳴館の華やかな時代からで、三井呉服店（三越の前身）が女性の洋服を仕立てるため、明治十九年（一八八六）にフランスから三人の女性裁縫師を招聘《しょうへい》したほどだった。

それから約二十年のちのことだが、世界美人コンテストで第六位になった少女がいる。末弘ヒロ子といい、明治二十七年（一八九四）、福岡県小倉市に生まれた。父は小倉市の市長で、弟の厳太郎《いずたろう》はのちに東大教授、民法学者として活躍している。

美人コンテストのあった当時、末弘ヒロ子は学習院中等部三年に在学中だった。つまり、ヒロ子は良家の令嬢である。なぜ、美人コンテストに応募したのだろうか。

近年は美人コンテストといっても、さほど珍しくないが、明治時代のこととなればたいそう珍しい。もっともいまのように美人コンテストに応募した美女たちが一堂に会して美を競い、審査をするというのではなく、美人の写真を集めて、そのなかから選ぶコンテストだった。

日本初の美人コンテストは明治二十四年（一八九一）、東京浅草の凌雲閣《りょううんかく》（俗称・十二階）が催した「百美人」とされる。これは対象を芸者に限り、凌雲閣内に百人の芸者の写真を展示し、見物客に投票してもらい、順位を決めた。

ところが、末弘ヒロ子が世界六位になった美人コンテストは芸者を除き、一般女性の自由参加となっていた。コンテストの審査員には洋画家の岡田三郎助《おかださぶろうすけ》、彫刻家の高村光雲《たかむらこううん》、医学者の三島通良《みしまみちよし》、人類学者の坪井正五郎《つぼいしょうごろう》、歌舞伎の女形中村芝翫《なかむらしかん》ら十三人が名を連ねた。

これは明治四十一年（一九〇八）、アメリカの新聞『シカゴ・トリビューン』社主催のミスワールド・コンテストの日本代表を選出する、ということで企画された。日本側は、シカゴ・トリビューン社から委嘱を受けた時事新報社が全国から美人写真を募集し、その年の三月五日、新聞紙上でつぎのような審査結果を発表している。

「去月二十九日の第二次即ち最終審査に於て、全国三等まで当選したる美人写真は左の三名にして、愈々《いよいよ》其儘《そのまま》確定したるに付き、玆《ここ》に写真募集に参同せられたる全国各新聞社の尽力を謝すると同時に、読者諸氏に披露する事とせり。

小倉市室町四十二直方四女

一等　末弘ヒロ子（十六）

仙台市東四番町皈通娘

二等　金田ケン子（十九）

宇都宮市上河原町五十九

三等　土屋ノブ子（十九）」

末弘ヒロ子の写真はその後、アメリカのシカゴ・トリビューン社に送られた。世界各国から集まった写真によって審査した結果、末弘ヒロ子は、なんと六位に選ばれたのである。

なお、一位はアメリカのマクエライト・フレー、二位はカナダのバイオレット・フッド、三位はスウェーデンのゼーン・ランドストームという顔ぶれだった。

いずれにせよ、十六歳の末弘ヒロ子が六位になったことで、日本女性の美しさが世界的に認められた結果となった。末弘ヒロ子の写真を見ると、和服姿ながら明治という古さを感じさせない。むしろ、いまでも美人として通じるし、しかも気品さえ感じさせる。

ところで、国内では、末弘ヒロ子が美人コンテストに一位になったことが大きな問題を引き起こした。それは学習院中等部三年に在学中だったからだ。

しかし、本人が美人コンテストに応募したわけではないし、両親もまったく知らなかった。あとでわかったことだが、たまたまヒロ子の写真を持っていた写真屋が本人になんの断わりもなく、勝手に時事新報社に送ったのだという。

当時の学習院長は乃木希典《のぎまれすけ》である。「事情はどうあれ、学習院の女生徒が美人コンテストに応募することはなにごとか」と怒って、末弘ヒロ子を退学処分にした。

それは院長という立場のことで、乃木自身はヒロ子の将来を心配し、のちには自ら仲人となり、野津道貫《のづみちつら》元帥の子息と結婚させている。

なお、美人コンテストの第一次審査を通ったのは、二百十五人。明治四十一年五月、その美人写真を集めた写真集『日本美人帖』が発行され、話題になった。

# 第4章

# 新しい波を起こす文芸界の才女

# 樋口一葉《ひぐちいちよう》

一八七二～一八九六

## 明治女の反抗と悲哀を描く

『たけくらべ』『にごりえ』など、明治を生きる女性の反抗と悲哀を描いた名作を残し、明治二十九年（一八九六）、まだ二十五歳だというのに生涯を終えた樋口一葉。いまや五千円札に肖像画が描かれるほど人気が高い。なぜ一葉は、小説を書きはじめたのだろうか。

一葉は明治五年（一八七二）、樋口則義《のりよし》の次女として生まれた。本名は奈津《なつ》。父親は甲州（山梨県）の農民だったが、駆落ち同然に江戸へ出た。明治維新後、東京府の官吏になったものの、生活は楽ではない。

それでも父は、一葉に和歌を習わせようと、歌塾「萩の舎《はぎのや》」に入門させた。一葉は古典や和歌を学び、才能を磨いたが、長兄が病死し、明治二十二年（一八八九）には父も亡くなり、和歌を学ぶどころではなくなった。

一葉は十八歳で、母と妹との生活を支える必要に迫られたのだ。次兄は陶工の道に進み、当てにならない。一葉が針仕事などをして稼いだが、たかが知れていた。

やがて、「萩の舎」の先輩田辺花圃《たなべかほ》が『藪の鶯《やぶうぐいす》』を発表し、新進作家としてデビューする。花圃は三十三円二十銭の印税を得たが、一葉にとっては衝撃的なことだった。

たとえば、明治二十二年当時の個人消費支出は、一人平均月に八円六十二銭。花圃は一冊の小説で、その四か月分を稼ぎ出したことになる。花圃は、元老院（立法院）議官田辺太一の娘だから家は裕福だし、印税をもらっても格別の感慨はない。

ところが、生活の苦しい一葉はちがっていた。小説でそれほどの収入が得られるというのは、おどろきであり、魅力的なことであった。一葉は、生活費を稼ぐために、小説を書こうと思い立ったのである。

一葉は、さっそく半井桃水《なからいとうすい》に弟子入りをし、小説の勉強をはじめた。妹の友人の同級生がたまたま半井家に下宿していた、というつてを頼ったのである。桃水については、新聞に小説を書いている売れっ子というだけで、詳しいことは知らない。

だが、桃水はやさしいし、美男だった。一葉は男とつきあったことがなかったが、桃水に初めて会ったときから魅了された。恋心を抱いたのである。桃水には妻はいないが、愛人がいて、なにかと噂が絶えない。結局、一葉の恋は実らなかった。

それでも桃水は一葉の才能を認めて、自ら創刊した雑誌『武蔵野』に、一葉の「闇桜《やみざくら》」を載せてくれたのである。明治二十五年（一八九二）、二十一歳のときのことだが、これがきっかけとなって、文芸誌『都の花』に「うもれ木」が、別の文芸誌『文学界』にも「雪の日」などが掲載された。「うもれ木」は、陶工だった次兄をモデルにした作品だが、これによって一葉は作家として認められたのである。

とはいえ、これで生活ができるようになったわけではない。やがて、明治二十六年

（一八九三）七月、吉原遊廓に近い下谷《したや》竜泉寺町に移り、荒物と駄菓子の店を開いた。これもうまくいかず、九か月ほどで店じまいに追い込まれた。それからは、誰かれなく借金を申し込むようになった。

高利貸で占い師という、いかがわしい男に借金を頼んだこともある。「妾《めかけ》になれ」とまでいわれたが、小説を書くことはあきらめなかった。

明治二十九年（一八九六）四月、一葉は『文芸倶楽部』に、代表作の「たけくらべ」を発表。これは竜泉寺町を舞台に、遊女になるおきゃんな美少女と内気な少年との淡い恋を、自らの人生に重ね合わせて描いたものだ。

辛口の批評をする森鷗外《もりおうがい》が激賞し、幸田露伴《こうだろはん》は「多くの批評家、多くの作家に、此あたり文字五、六字ずつ伎倆上達の霊符として呑ませたきものなり」と述べたほどだった。

せっかく期待されたのに、一葉はすでに結核に冒されていた。当時、結核は不治の病とされており、見舞いに来た馬場孤蝶《ばばこちょう》が「年末にまた来る」というと、一葉は「その時分には、私は何になっていましょう、石にでもなっていましょうか」と、苦しそうに答えたという。

その二十日後、明治二十九年十一月二十三日、息を引き取った。

文壇に不動の地位を築いたばかりだけに、二十五歳の死は惜しまれる。

# 与謝野晶子《よさのあきこ》

一八七八〜一九四二

## 家庭的だった〝情熱の歌人〟

「やは肌のあつき血汐にふれも見で　さびしからずや道を説く君」

「春みじかし何に不滅の命ぞと　ちからある乳を手にさぐらせぬ」

〝情熱の歌人〟といわれる与謝野晶子が二十四歳のときに詠んだ歌である。当時、女性は従順で、慎み深いことがよしとされ、自由奔放な女性は異端視される傾向があった。それだけに晶子の官能のおもむくままの人間性を奔放に謳いあげた作品は、文壇に大きな衝撃をあたえた。

晶子は明治十一年（一八七八）、堺の菓子商鳳宗七《ほうそうしち》の三女として誕生。本名を鳳志よう《しょう》という。美しく成長したが、少女のころから土蔵に入り込み、本を読むようなところがあった。明治二十一年（一八八八）、十一歳で堺女学校に入学したが、それからは店の仕事も手伝っていたようだ。

やがて晶子は和歌を詠みはじめる。明治三十三年（一九〇〇）、二十三歳のときには、与謝野鉄幹《てっかん》（寛《ひろし》）の新詩社の機関誌『明星』に投稿。七首のうち六首も採用され、晶子は有頂天になった。

その年の八月、鉄幹は大阪で講演した。晶子は鉄幹に会いに出かけたが、会った瞬間、体に電流が流れたかのように感じた。晶子は恋のとりこになったわけだが、同じ歌仲間の山川《やまかわ》登美子《とみこ》も鉄幹を愛していたため、三角関係に悩んだ。だが、鉄幹には妻がいたのである。まもなく山川登美子が結婚し、郷里に帰っていく。晶子は障害がなくなり、明治三十四年（一九〇一）に鉄幹と結ばれ、上京して新生活をはじめた。

しかし、妻子ある男との不倫の恋だけに、晶子への世間の風は冷たかった。一方、鉄幹へ非難が集中する。鉄幹は晶子と結婚する前に、教え子の浅野信子とのあいだに女の子をもうけていながら離婚するなど、女性遍歴があったからである。

「狂ひの子われに焔《ほのお》の翅《はね》かろき　百三十里あわただしの旅」

堺の実家から東京の鉄幹のもとまで百三十里（約五百十キロ）。恋に命を燃やし、飛ぶようにやってきた晶子は、鉄幹を愛して、その奔放な恋情と歓びを多くの歌に詠んだ。

こうして八月には、歌集『みだれ髪』を出版する。若くて美しい女性歌人のデビュー作は、熱狂的に迎えられたが、その反面、非難をする人も少なくなかった。「反道徳的で、世の中の害になる」というのだ。

明治三十七年（一九〇四）、日露戦争が勃発。晶子は『明星』九月号に「君死にたまふことなかれ」を発表した。この詩は日露戦争に召集された弟を思い、身を案じて書いた作品だが、大町桂月《おおまちけいげつ》は「反戦思想の危険な詩」と攻撃した。だが、晶子は「少女と申す者、誰も戦争ぎらひに候」とかわし、動ずるところがなかった。

一方、鉄幹は歌を詠めなくなっていた。日露戦争後、歌壇の動向が変わっていたし、自信を失ったのだろうか。明治四十一年（一九〇八）には『明星』も姿を消す。

晶子は、そんな鉄幹を見るのがしのびない。なんとか再起してほしいと、鉄幹をパリへ旅立たせた。旅費は、晶子が歌を書いた屛風を知人たちに売って準備したのである。

だが、晶子は一人になると、寂しさが募る。明治四十五年（一九一二）五月、晶子は子どもたちを残し、鉄幹のあとを追ってパリに向かった。

当時、晶子にはすでに五人の子があった。晶子は子育てを放棄したり、家庭のことを投げ出して歌に没頭したとか、鉄幹に夢中になったのではない。子ども思いで、家庭的だった。その後も子を産み、結局、いまでは信じがたいことだが、十一人の子の母となっている。

鉄幹は昭和十年（一九三五）、肺炎であっけなく死去した。しかし、晶子は落ち込むことなく、昭和十四年（一九三九）には『新訳源氏物語』を完成させている。しかし、その翌年、脳溢血で倒れ、二年後の昭和十七年（一九四二）に死去した。六十五歳だった。

# 清水紫琴《しみずしきん》

一八六八〜一九三三

## 「女性ジャーナリストの嚆矢」

民権思想に目覚め、女権の拡張を主張した清水紫琴。男女の愛を小説に書き、育児や家庭内の雑感を随筆に書くなど文才を発揮し、新しい時代の才女として注目された。

明治の刑法は、女性に苛酷だった。たとえば、夫が妻の姦通を知り、その現場でただちに姦夫《かんぷ》か、妻を殺傷しても、夫は許される。間男《まおとこ》と重ねて四つにしてもおかまいなし、という考え方で、これでは江戸時代と変わりがない。

それにたいして、妻をもつ男性が愛人を抱えたり、女性を買っても、法律に触れることはなにもない。しかし、これはおかしいではないか。刑法が姦通を許さないのであれば、男性も女性と同じようにすべきだ、という意見が出ていた。紫琴もそのように考えていたようだ。

紫琴は慶応三年十二月（一八六八）、備前（岡山県）で生まれている。本名は清水豊子という。父は貞幹といって、漢学者だったが、理化学的な面にも造詣が深く、京都に出て工場をはじめた。紫琴が四歳のときである。だが、父の工場は火災で焼失し、一家は窮地に追い込まれた。

紫琴の経歴については、詳しくは伝わっていない。十四歳で学業を終え、十八歳のころ、岡崎某という男性と結婚した。相手はどのような人物なのか、どのようないきさつで結婚したのか、具体的にはわからない。しかし、四、五年で離婚したという。

上京したのは明治二十三年（一八九〇）、離婚してまもなくのことだ。紫琴は二十四歳になっていたが、『女学雑誌』の記者に採用される。

この雑誌は、五年ほど前に創刊されたが、「女学」とは「女性の地位を向上させ、権利を伸張し、女性を幸福にするためのあらゆる学問」と定義していた。

この雑誌の発行母体は、明治女学校である。明治女学校は明治十八年（一八八五）、東京の麹町に設立された学校で、キリスト教主義にもとづく近代的な教育をした。教科は、日本歴史や日本文学、心理学、経済学、欧米古今史、教育学、社会学、生物学など、多岐にわたっていた。

紫琴は『女学雑誌』で記者の仕事をしながら、明治女学校の学生として講義を受け、学んだ。やがて母校の教師になったが、担当したのは作文である。

といって『女学雑誌』の仕事は手が抜けない。紫琴は訪問記事を書き、半年後には『女学雑誌』の主筆になったというから、すぐれた文才があったのだろう。のちに紫琴は「女性ジャーナリストの嚆矢《こうし》」と評されたほどだった。

小説は明治二十四年（一八九一）、『女学雑誌』に発表した「こわれ指輪」が最初の作品である。十八歳のころの結婚と離婚を素材にしたのではないか、ともいわれている。その後、

「野路の菊」（『女学雑誌』）、「心の鬼」（『文芸倶楽部』）、「当世二人娘」（『世界之日本』）、「葛《くず》の裏葉」（『文芸倶楽部』）、「したゆく水」（『文芸倶楽部』）などを発表したが、随筆作品も多い。

紫琴は文学活動をする一方、男性との噂もあった。先に述べた岡崎との離婚だけでなく、代議士の植木枝盛《うえきえもり》と情交があったと噂されたし、自由党左派の領袖《りょうしゅう》大井憲太郎《おおいけんたろう》とのあいだには男の子をもうけた、などと伝えられる。

しかし、明治二十五年（一八九二）、二十六歳のとき、農科大学助教授の古在由直《こざいよしなお》と結婚した。

紫琴には謙吉という兄がおり、明治二十四年（一八九一）の秋から農科大学で助手をしていた。古在由直は兄の上司だったが、古在家の正月カルタ会に招かれ、知り合ったのだという。

翌年、長男が生まれた。紫琴は結婚、妊娠、出産などがつづいたせいか、明治二十五年から二十八年（一八九五）にかけて、文筆活動を休止していた。

ところが、明治二十八年には、夫の由直がドイツ留学を命じられ、横浜を出発。五年後にイギリス、アメリカを経て帰国したが、その前年には農学博士になっている。

紫琴は夫がドイツ留学に出かけたあと、しばらく京都に戻って作品を発表しつづけた。しかし、夫が帰国したのちは筆を絶った。昭和八年（一九三三）、六十七歳で病没した。

# 若松賤子《わかまつしずこ》

一八六四〜一八九六

## 外国の児童文学を紹介

「寝言も英語で話した」とか、「日本の新聞より英字新聞のほうが読み慣れていた」などといわれたほど、語学力にすぐれていた若松賤子。明治二十五年（一八九二）、二十九歳のときに翻訳したバーネットの『小公子《しょうこうし》』が評判となり、初の女性翻訳家として名を挙げた。若松賤子は、本名を松川甲子《かし》、のちに嘉志子《かしこ》といった。若松賤子はペンネームだが、若松は出生地の会津若松に由来する。賤子の名は、神の恵みに生かされる一人の庶民という意味を込めたもの、と考えられている。

元治元年（一八六四）、会津藩士松川勝次郎の長女として、会津若松（福島県会津若松市）で生まれた。しかし、慶応四年（一八六八）一月、鳥羽伏見ではじまった戊辰《ぼしん》戦争で、会津の城下も戦乱のるつぼとなる。父勝次郎は、進撃してくる新政府と戦わなければならない。

幼い賤子は、身重の母や祖母と一緒に、戦火を避けて、山へ逃れた。だが、戦後、苦しい生活のなかで、母は病死する。賤子は、まだ七歳だった。たまたま会津を訪れた横浜の織物商山城屋の番頭大川甚兵衛《おおかわじんべえ》が賤子に同情し、養子として引き取った。

甚兵衛は、賤子の面倒をよく見てくれたらしい。賤子は明治四年（一八七一）にはキダーというアメリカ人女性宣教師の学校（のちフェリス女学院）に入学。西洋流の教育を受けたのである。

外国人と外国文学など、得がたい環境のなかですごした賤子には、家族や家庭のあたたかみを味わうことはできなかったが、それなりに人間的な成長の糧になった。

明治十五年（一八八二）、賤子は成績優秀な第一回卒業生として、母校を巣立つ。だが、同時に母校の教壇に立つことになった。十九歳のときのことだ。

そうした一方、賤子は文筆活動を開始する。明治十九年（一八八六）のことだが、最初の作品は『女学雑誌』に寄せた紀行文「旧《ふる》き都のつと」だった。その後、明治二十二年（一八八九）には、創作「お向ふの離れ」や「すみれ」を発表している。

さらに明治二十二年、賤子は明治女学校教師で、『女学雑誌』の主宰者巌本善治《いわもとよしはる》と結婚した。善治も早くに実の父母と離別し、叔父の養子として育てられたから、二人の境遇は似ていなくもない。そのせいか、たがいに理解し合えた。

ところが、賤子はすでに結核に冒され、喀血したこともある。結婚後は用心して執筆活動をつづけるため、教壇に立つことはやめた。

夫の善治は、女子教育に生涯をかける熱意をもっていたが、賤子はそうした理想を共有しながら夫を支えていこうと強く決意していたようだ。しかし、経済的に不自由なことも多く、質素な生活を余儀なくされていたのである。

文筆活動も自らの使命と感じていたものの、一方では生計を助けるため、という気持ちもあった。賤子は多くの作品を書いたが、翻訳作品だけを見ても、テニソンの『イナック・アーデン物語』、バーネットの『小公子』『セーラ・クルー物語』、プレストンの『我宿の花』、インジェローの『ローレンス』『淋しき岩』、ディケンズの『いわひ歌』『雛嫁《ひなよめ》』などがある。

賤子は幼年期の子どもたちのために、おもしろくてためになる外国の少年少女文学を紹介したい、と懸命になっていた。結核を悪化させたのは、そのようにして自分自身を酷使したことも原因の一つだった。

賤子は病弱で床に臥すことが多かったが、そのたびに夫には申し訳なく思っていたらしい。結局、賤子の翻訳家としての生活は、それほど長くはつづかなかった。

明治二十八年(一八九五)、賤子の一家は明治女学校の敷地内にある校長舎に引っ越した。ところが、翌明治二十九年(一八九六)二月十日、結核で没した。まだ三十三歳の若さである。夫と三人の子が遺されたが、賤子の胎内には新しい命が宿っていたというから、なんとも不憫《ふびん》なことである。

じつは死の五日前、明治女学校は火災で全焼した。賤子は夫の善治に背負われ、避難したものの、よほどの衝撃を受けたのだろう。容態が急に悪化し、ついに息絶えた。

## 歌舞伎化で脚光浴びる

# 長谷川時雨《はせがわしぐれ》

—一八七九〜一九四一—

劇作家、小説家として新しい時代を開いた長谷川時雨は、明治十二年（一八七九）、日本橋通油町《とおりあぶらちょう》（中央区日本橋大伝馬町二）の江戸時代からつづく呉服商の家に生まれた。父は深造《しんぞう》、母は多喜《たき》。本名は康子といった。

父の深造は商売には無関心で、もっぱらお玉ヶ池の玄武館、千葉周作《ちばしゅうさく》の道場に通っていた。明治維新後は法律を学び、免許代言人《めんきょだいげんにん》（弁護士）となったが、書画や漢詩などを好み、風流の心も抱いていた。

時雨はその父の影響を受けたのだろうか。幼少のころから芝居や読本《よみほん》（小説の一種）の好きな女の子だった。

五歳のときから寺子屋まがいの小学校に通っていたが、同級生たちに芝居や読本の内容を話して聞かせ、人気者だったという。

明治二十六年（一八九三）、十五歳のころから佐佐木信綱の竹柏園《ちくはくえん》に通い、和歌を学びはじめた。

ところが、明治三十年（一八九七）、十九歳で鉄成金《てつなりきん》、水橋家の息子と結婚する。親同士が懇意だったことから、時雨の気持ちなどおかまいなしに決めた縁談である。しかし、夫になった男は遊蕩無頼《ゆうとうぶらい》を繰り返したため、親から東北の鉱山町へ追いやられた。時雨も岩手県釜石の鉱山で働くようになったが、まったく異なる土地での暮らしに嫌になることもある。時雨は、うさを晴らすかのように執筆に熱中し、雑誌に投稿した。明治三十四年（一九〇一）、二十三歳のとき、『女学世界』に投稿した「うづみ火」が特賞となった。それがきっかけになったのか、やがて時雨は文筆活動に打ち込むために東京へ戻る。夫と別居したあと、正式に離縁した。だが、書くといっても楽なことではない。

当時は、島崎藤村《しまざきとうそん》らの自然主義的リアリズムが注目を浴びていたが、時雨はどちらかといえばロマンティシズムの傾向が強く、劇作に活路を求めようとした。

明治三十八年（一九〇五）には戯曲『海潮音《かいちょうおん》』を発表する。これは、演劇研究家の中谷徳太郎が書いたものだが、時雨が独自の発想で手を加え、完成させた作品だった。明治四十一年（一九〇八）、新富座で上演された。

同じ明治四十一年だが、その半年前、時雨が書いた史劇『花王丸』が歌舞伎になった。女性作家の作品として、初めての歌舞伎化だという。時雨は一躍、脚光を浴びた。

明治四十四年（一九一一）には『さくら吹雪』が歌舞伎座で上演され、人気を不動のものとした。これを機に、尾上菊五郎《おのえきくごろう》（六世）と親しくなり、提携して舞踊劇を創作したり、研究劇団狂言座をつくったりした。時雨には、事業家のような素質もあったのである。

それから数年後、大正六年（一九一七）、時雨は十二歳年下の文学青年三上於菟吉《みかみおときち》を愛しはじめた。相当な熱の入れようで、芝居や舞踊への興味もしだいに薄れていく。それ以来、時雨は死去するまでの二十数年、於菟吉と暮らしたが、妻として入籍されたわけではなかった。

時雨はその後、女性雑誌『女人《にょにん》芸術』を創刊する。昭和三年（一九二八）のことだが、時雨のねらいは、女流文学の興隆のために、新しい女性作家を世に出したい、という点にあった。

同誌には平林たい子、佐多《さた》稲子《いねこ》、円地《えんち》文子《ふみこ》、平塚らいてう、林芙美子らが小説や評論などを寄稿している。

創刊当時、平林たい子は二十四歳で、プロレタリア文壇の花形だった。

円地文子は小山内《おさない》薫《かおる》門下で、作品は同人誌『劇と評論』に発表する程度である。だが、円地は時雨に頼まれて『晩春騒夜《ばんしゅうそうや》』という一幕物を書く。これが円地の処女作として、築地小劇場で上演され、文壇へのデビューを飾った。

やがて昭和七年（一九三二）、『女人芸術』は経済的な理由などで廃刊に追い込まれる。そのころ、於菟吉は病気のため、半身不随になっていたが、時雨は於菟吉を看護しながら執筆をつづけた。

昭和十六年（一九四一）、戦時中のこと、海軍の文芸慰問団として中国南部へ赴く。だが、時雨は帰国してまもなく、病気のために急逝した。六十三歳だった。

葬儀のとき、吉川英治《よしかわえいじ》は、弔辞のなかで「時雨女史は『美人伝』を書いたが、彼女自身、その一人であった」と述べたという。

## 下田歌子《しもだうたこ》 ―一八五四～一九三六―

### 「明治の紫式部」との評も

明治期きっての才女と謳われた下田歌子は、容姿にすぐれていたし、和歌の才能も抜群だった。しかも、三十代からは女子教育者としての道を歩む。

歌子は安政元年（一八五四）、美濃国岩村（岐阜県恵那市岩村町）で岩村藩士平尾鍒蔵《ひらおじゅうぞう》の長女として生まれた。幼名を鉐《せき》という。

幕末の動乱期、藩の方針が佐幕だったのに、父は勤皇派となったため、藩ににらまれ、約十年も蟄居《ちっきょ》謹慎を命じられたのである。俸禄はもらえず、暮らしに困窮して、食事もおかずは漬物だけだったと伝えられる。

歌子はそうした環境のなかで学問に励み、小太刀や柔術の手ほどきを受けた。武士の家に生まれ、育っただけに、女といえどもそうした武術を身につけておく必要がある、と考えていたようだ。

歌子は幼いころから手当たりしだいに本を読み、神童ともいわれたほどだが、さらに四歳で和歌を詠んだ。俳句をはじめたのは六歳のときである。

「元旦はどちら向いてもお芽出たい　赤いべべ着て昼も乳呑む」

四歳のときの作だが、子どもらしい歌に、まわりの人びとが大笑いしたという。

蟄居を命じられていた父は、維新で自由の身となり、明治三年（一八七〇）には新政府に職を得て上京。翌年、歌子は十八歳で父のあとを追って東京へ出た。天皇が実権を握った新しい時代の息吹を、東京で味わってみたかったのである。

父は東京で下谷邏卒屯所《したやらそつとんしょ》（警察署）の教師をつとめていたが、そのかたわら歌人の八田知紀《はったとものり》に師事し、和歌を詠んでいた。父は東京にやってきた歌子を、さっそく八田知紀に引き合わせ、作品を見せながら歌子の将来についてもいろいろ力添えを頼んだ。

やがて明治五年（一八七二）十月、歌子は知紀の紹介で、女官として宮中に出仕することになった。足かけ八年も宮中に勤めたが、歌を好む天皇と皇后（昭憲《しょうけん》皇太后）が歌子の才能を愛《め》でた。宮中の歌会では「春の月」との題が出され、歌子はつぎの作を詠んだ。

「大宮の玉のうてなにのぼりても　なほおぼろなり春の夜の月」

「手枕は花のふぶきにうづもれて　うたたねさむし春の夜の月」

歌子という名は、皇后がこの作をほめて賜わったもの、とされる。

明治十二年（一八七九）、剣道指南の下田猛雄との縁談が進んでいたため、宮中を辞した。

いくら才女とはいえ、歌子はすでに二十六歳。当時としては遅い結婚だが、歌子は宮中での女官たちの嫉妬から逃れ、自分らしい生活をしたい、と思ったのかもしれない。

しかし、この結婚は幸せとはいえなかった。じつをいうと、下田猛雄は大酒飲みで、胃がんのために病床に臥すことが多く、気むずかしい男だったという。それでも歌子は献身的に看病したが、猛雄は明治十七年（一八八四）、帰らぬ人となった。歌子が三十一歳のときのことだ。

歌子は宮中での生活のなかで、上流子女たちがなんとなく生気に乏しく、新しい時代に適応できないのではないか、と感じていた。そこで結婚後の明治十五年（一八八二）、歌子は彼女たちのために私塾を開いた。

まもなく桃夭《とうよう》女学校としたが、歌子は『源氏物語』を講義し、アメリカ帰りの津田梅子《つだうめこ》が英語を教授した。その後、明治十八年（一八八五）、華族女学校が新設されたが、桃夭女学校は吸収されるかたちとなり、歌子は華族女学校の幹事兼教授に就任した。

明治二十六年（一八九三）にはヨーロッパに渡り、女子教育について視察。明治三十二年（一八九九）には実践女学校と女子工芸学校を創立し、自ら校長となった。現在の実践女学園、実践女子大学の前身である。

若いころは歌人として名を馳せた歌子だが、やがて女子教育の道を歩んだ。昭和十一年（一九三六）、八十三歳で逝去した。

# 柳《やなぎ》原《わら》白蓮《びゃくれん》

一八八五〜一九六七

## 歴史に残る恋の逃避行

生涯で三人の夫をもった柳原白蓮。九条武子と並ぶ名門出身で、美貌の歌人として有名だった。

白蓮は明治十八年（一八八五）、東京で生まれた。父は伯爵柳原前光《さきみつ》である。叔母の愛子《なるこ》は、大正天皇の生母。本名を燁子《あきこ》という。

最初の結婚は明治三十三年（一九〇〇）、十六歳のとき。華族女学校を中退し、許嫁《いいなずけ》の北小路資武《すけたけ》に嫁いだ。ところが、夫の性格になじめず、五年で離婚し、実家へ戻った。

その後、東洋英和女学校に通う一方、佐佐木信綱が主宰する竹柏《ちくはく》会に入り、和歌を学んだ。当時は、北原白秋、木下杢太郎《きのしたもくたろう》、石川啄木《いしかわたくぼく》らの新しい歌人が活躍、女性歌人では与謝野晶子が天才ぶりを発揮していた。

やがて明治四十五年（一九一二）、九州の炭鉱王といわれた伊藤伝右衛門と再婚する。白蓮は二十八歳、伝右衛門は二十五歳も年上だった。伊藤家からの結納金は、二万円とも十万円ともいわれる。いまなら億単位の金額だ。このため、「金で買われた結婚」などと噂されたという。

伝右衛門には子どもがないし、なんでも自由になる、ということだったが、実際に九州の家に入ってみると、まったくちがっていた。数人の子どもがいたし、〝妾《めかけ》あがり〟の女性が家内を切り盛りしていたのである。

白蓮は〝筑紫の女王〟と呼ばれたものの、主婦としての実権はあたえられず、むなしさを感じた。むろん、伝右衛門の金力でしばられたような結婚だったから、夫婦間の愛情など芽生えるわけもない。

白蓮という筆名は、汚れた泥沼のような伊藤家にいても、自分はその泥に染まらない白蓮なのだ、という気持ちのあらわれ、ともいわれる。

白蓮は、そうした現実から逃れるようにして和歌に熱中した。大正四年（一九一五）には、第一歌集『踏絵』を刊行した。つづいて大正八年（一九一九）には、歌集『幻の華』、詩集『几帳のかげ』を出版したほか、戯曲「指鬘外道《しまんげどう》」を雑誌『解放』に連載した。伝右衛門との生活では満たされぬ思いが、そうした創作活動に駆り立てたのだろう。

のちに結ばれることになる宮崎竜介《みやざきりゅうすけ》は、雑誌『解放』の編集者として白蓮の前に現れた。竜介の父は、孫文《そんぶん》と深く交わり、その革命運動を支援した宮崎滔天《とうてん》である。父の影響を受け、竜介も社会運動に参加していく。

二人が知り合ったとき、白蓮は三十六歳、竜介は七歳年下の二十九歳だった。やがて白蓮は、思い切った行動に出る。

大正十年（一九二一）十月、白蓮は伝右衛門と一緒に上京し、日本橋の旅館に泊まる。伝右衛門が九州に帰るとき、白蓮は平然として見送ったのだが、その直後、身を隠すと、伝右衛門への絶縁状を、なんと『朝日新聞』紙上で公表したのだ。

「女性のほうから絶縁状を叩きつけて離婚する」など、常識を外れることだった。しかも、天皇の従妹にあたる貴族であり、歌の才能に恵まれた才媛であることなどが庶民の好奇心をあおったのかもしれない。公表された絶縁状への反響は大きかった。

しかも、白蓮は竜介と駆け落ちする。元伯爵令嬢の炭鉱王夫人が社会主義者と恋の逃避行をしたというので、世間の人びとをひどくおどろかせた。

伝右衛門は新聞でそのことを知り、怒って反論を新聞に公表したが、だからといってどうにもならない。一方、体面を重じる柳原家では二人の隠れ家をさがし出すと、白蓮を幽閉してしまった。その幽閉生活中、竜介とのあいだにできた長男香織《かおり》を出産している。

その後、大正十二年(一九二三)、白蓮は正式に伝右衛門と離婚。華族から除籍され、一平民となる。白蓮は正式に宮崎竜介の妻になり、子育てをしながら政治運動に専念する夫を助けつづけた。

むろん、和歌を詠み、随筆を書く文筆活動はやむことがなかった。

ところが、昭和二十年(一九四五)、終戦の四日前、悲劇が白蓮を襲う。学徒兵となった長男の香織が特攻隊に配属され、戦死したのである。これを機に「慈母の会」をつくり、反戦運動をはじめた。

波瀾に富んだ人生だったが、晩年は静穏な日々をすごし、昭和四十二年（一九六七）、八十三歳の生涯を全うした。

## 原《はら》阿《あ》佐《さ》緒《お》

一八八八〜一九六九

### 恋に生き、結婚に破れる

歌人原阿佐緒の生涯は、じつに波瀾に富んだものだった。

歌集は大正二年（一九一三）、二十六歳のときに第一歌集『涙痕《るいこん》』を出版。三年後には第二歌集『白木槿《しろむくげ》』を出した。第三歌集『死をみつめて』を出したのは大正十年（一九二一）、新聞が石原純《あつし》との恋愛事件を報じた年である。昭和三年（一九二八）には石原と離別。新聞は「歌人原阿佐緒女史愛の巣を飛び出す」などと書きたてた。阿佐緒はこの年、第四歌集『うす雲』を出版した。

作歌は旺盛だったが、その一方で男性関係も盛んだった。そのとき、そのときの沸き上がる熱情に、正直に生きようとしたのだろうか。

原阿佐緒は明治二十一年（一八八八）六月、宮城県黒川郡宮床《みやどこ》の旧家に生まれた。恵まれた家庭に育ち、やがて小柄だけれど、美しい少女に成長した。明治三十三年（一九〇〇）、父が三十五歳の若さで病死。阿佐緒はその悲しみを乗り越えるようにして、県立第一高等女学校へ進む。

しかし、二年後、肋膜炎《ろくまく》のため中退。療養中に『源氏物語』をはじめ、翻訳物などを手当たりしだいに読んだという。快復した阿佐緒は明治三十七年（一九〇四）、母とともに上京し、日本女子美術学校に入学した。この学校では、のちに平凡社を創立する下中弥三郎《しもなかやさぶろう》が国語の教師をしており、阿佐緒は下中から和歌の手ほどきを受けた。

さらに当時、翻訳家として著名な小原要逸《おはらよういつ》が英語と美術史を教えていた。阿佐緒は小原を尊敬し、熱心に英文学を学んだ。やがて、愛し合うようになり、小原の子を懐妊した。ところが、小原には妻子があったし、噂が広まったため、阿佐緒は奎文《けいぶん》女子美術学校への転校を余儀なくされた。

その間にも胎児は成長していく。二人は牛込若松町で同棲をはじめたものの、小原はあるとき、堕胎をすすめる。阿佐緒はその冷たい態度に失望し、短刀で胸を突く。どうにか一命を取り留め、まもなく長男千秋《ちあき》を産んだ。明治四十年（一九〇七）、阿佐緒が二十歳のときのことだった。

翌年、離婚すると、阿佐緒は和歌に熱中しはじめる。明治四十二年（一九〇九）、『女子文壇』に投じた作品が与謝野晶子《よさのあきこ》に認められ、『スバル』『シャルル』『青鞜《せいとう》』などに、つぎつぎと作品を発表。阿佐緒は、またもや妻子もちの歌人古泉千樫《こいずみちかし》と恋に落ちる。千樫は、阿佐緒への恋情をつぎのように詠んだ。

「桃の花くれなゐ曇りにほやかに　寂しめる子の肌のかなしき」

それにたいして、阿佐緒はこう詠む。

「捨ても得ぬ保ちもあへぬ恋ゆゑに　わが煩ひのしげきことかな」

しかし、二人の恋は短いあいだに終わる。

つぎに登場するのは、画家志望の庄子《しょうじ》勇《いさみ》である。大正三年（一九一四）、阿佐緒は庄子と結婚するが、庄子は遊興にふけり、さっぱり絵を描かなくなった。阿佐緒が夫の帰宅を待っていても、帰らないことがあったほどだ。

「浅草の赤く匂へる灯は妬《ね》たし　君を酔はしめ家にかへさず」

阿佐緒はそうした生活に体調を崩し、入退院を繰り返す。結局、大正八年（一九一九）、阿佐緒は庄子とも離別することにした。

しかし、阿佐緒の恋は、それで終わりではなかった。大正九年（一九二〇）、三十三歳のとき、仙台に移ったが、ここでも新しい恋がはじまったのである。

相手は東北帝大教授の石原純だった。石原はアララギ派の歌人として著名で、かつて入院していた阿佐緒を見舞ったことから、交流がつづいていた。その阿佐緒が仙台に移ってきたことから、石原は親しみを感じ、まもなく愛し合うようになった。

しかし、翌大正十年（一九二一）、新聞各紙は、二人の恋愛事件を報じた。この結果、石原は大学を辞職。阿佐緒と石原は千葉県保田《ほた》に逃れ、同棲生活に入った。阿佐緒は和歌を詠み、絵を描くなど趣味的な生活を楽しんだという。だが、昭和三年には破局を迎える。

好きなように生きたと思える阿佐緒だが、結婚に破れ、家庭的には恵まれなかった。昭和四十四年（一九六九）に、八十二歳で没している。

## 九条武子《くじょうたけこ》
一八八七〜一九二八

### 社会事業に献身する美貌の歌人

「さとされて牢獄《ひとや》のうちに入りし子は　十年にしてうたがひを知る」

これは歌集『金鈴《きんれい》』に収められている九条武子の作である。清楚な美貌とすぐれた知性の持ち主と評判の歌人だが、武子の結婚生活は、牢屋のような苦しいものだったのだろうか。

武子は明治二十年（一八八七）、京都西本願寺で生まれた。父は二十一代法主大谷光尊《おおたにこうそん》、母は側室のお藤の方である。小学校を卒業したのは明治三十一年（一八九八）だが、武子はこのころから父にすすめられて歌を習いはじめた。そうした一方、家庭教師からフランス語を学んだ。

やがて明治四十二年（一九〇九）、武子は二十三歳のとき、男爵九条良致《よしむね》と結婚した。良致は皇太子（のちの大正天皇）妃九条節子《さだこ》（のち貞明《ていめい》皇后）の異腹の弟である。

結婚した年、武子は夫の良致とヨーロッパ旅行に出かけた。兄光端《こうずい》夫婦と一緒の旅で、目的はヨーロッパにおける宗教のありようを視察することだった。武子は根強いキリスト教の存在を認識すると同時に、社会事業が発達していることに大きな衝撃を受けた。

しかし、良致はケンブリッジ大学に留学するためイギリスに残り、武子は単身帰国の途につく。武子はつぎの歌を詠んだ。

「かりそめの別れとききておとなしう　うなづきし子は若かりしかな」

武子は、夫の留守は三年と聞き、そう信じて良致の帰国を待っていた。ところが、三年が経ち、十年が過ぎても帰ってこない。それに届けられた手紙も、わずか二通だけだったから、武子としても気持ちは沈むばかりだった。冒頭の歌は、そのように一人ですごした十年の結婚生活を、牢屋にたとえて詠んだのである。

ところで武子は明治四十三年（一九一〇）、ヨーロッパから帰国してすぐ、義姉の籌子《かずこ》とともに婦人会会員のために、新事業を企画するなど尽力した。しかし、明治四十四年（一九一一）、籌子は突如、高熱に襲われ、三十一歳の若さで他界する。

武子にとっても大きな衝撃だったが、負けることなく婦人会の仕事をつづけた。むろん、和歌も詠んだ。やがて大正九年（一九二〇）、歌集『金鈴』が出版される。しかも、夫の良致が十一年ぶりに帰ってきたのである。良致の勤め先が横浜正金銀行だったので、二人は東京の築地本願寺内に移り住んだ。

武子が長いあいだ待ち望んでいた妻としての生活がはじまり、かいがいしく働いたという。夫の良致も別人のように明るく、如才のない紳士に変身した、という噂もあった。

だが、平穏な生活は三年しかつづかない。大正十二年（一九二三）九月一日、関東大震災が東京を襲い、築地本願寺も焼失したのである。八丁堀や銀座などが火の海と化し、人びとが逃げまどうなか、武子たちはやっとの思いで避難した。まもなく下落合《しもおちあい》の借家に落ち着いた。

築地本願寺の焼け跡にはテント張りの救護所がつくられ、罹災《りさい》者を治療したり、食事をふるまったりした。武子はそうした様子を見て、貧民の救済事業に立ち上がろうと決意したのだという。

大正十四年（一九二五）には、本所緑町に貧しい人びとのための診療所を開設したが、さらに非行少女の更生施設として六華園《りっかえん》をつくっている。歌人として生きながら現実社会では、社会事業に献身した。

昭和三年（一九二八）一月、武子は前年暮れ、気管支炎になっていたのに、扁桃腺炎《へんとうせんえん》を併発し、医者には外出を禁じられていた。武子は、それでも本所の診察所に出かけたほど、熱心に取り組んだ。

一月二十九日には、武子が書いた『四季の新舞踊曲』が市村座で上演されることになっていた。診療所の人びとはそのため、「早くお帰りになり、お休みください」と心配したほどだった。さすがに武子も素直にいうことを聞き、自動車で帰宅したという。

ところが、診療を受けたものの、武子は敗血症となり、ついに帰らぬ人となった。四十二歳である。その年の晩秋、歌集『薫染《くんぜん》』が、二年後には歌集『白孔雀』が出版され、歌人としての業績がまとめられた。

# 岡本《おかもと》かの子《こ》

一八八九〜一九三九

## 実際に咲く桜を見て嘔吐

歌人として出発した岡本かの子だが、仏教研究家としても知られる。晩年には、『鶴は病みき』『生々流転』などの小説を発表、多彩な活躍をした。

岡本かの子は明治二十二年（一八八九）、東京（当時は神奈川県）二子多摩川《ふたこたまがわ》河畔の豪農大貫家の長女として青山で生まれた。腺病質《せんびょうしつ》な娘だったが、乳母と女中にかしずかれ、なに不自由なく育った、という。

明治三十五年（一九〇二）、十四歳で跡見《あとみ》女学校に入学したが、その一方、文学好きだった次兄に影響され、早くから文学に目覚めた。

かの子は跡見女学校在学中に和歌を詠みはじめ、学内の雑誌に作品を発表した。やがて、それではあきたらず、明治三十九年（一九〇六）、与謝野鉄幹《よさのてっかん》（寛）が主宰する文芸雑誌『明星』へ投稿した。

兄の中学から大学までの学友に谷崎潤一郎《たにざきじゅんいちろう》がいる。谷崎は第二次『新思潮』の同人だったが、かの子は谷崎からも文学的な影響を受けたようだった。

やがて明治四十一年（一九〇八）、『明星』が廃刊になると、かの子はつぎに明治四十二年（一九〇九）創刊の文芸雑誌『スバル』に作品を発表した。

かの子が三歳年上の漫画家岡本一平《いっぺい》と結婚したのは、明治四十三年（一九一〇）、二十二歳のときのことだ。一平は、その四年ほど前から兄の部屋に遊びに来る友人の一人だった。兄の友人たちはかの子を見て、誰もが熱をあげた。友人たちのあいだに、競い合う気持ちが起きたのかもしれない。一平が真っ先に意思表示をしたのである。

かの子は美しいものを大切にしたし、自らも美しくありたいと願いつづけていた。少女のころから豪奢《ごうしゃ》な服を着ていたし、人形にも豪奢な衣装を好んだという。当然かもしれないが、かの子は子どものころから「面食い」で、顔のきれいな男の子としか遊ばなかった、と伝えられる。

一平は、そうしたかの子の眼鏡にかなったわけだ。二人の交際は断続的につづき、ついに結婚することになった。二人の結婚について、かの子の身内は「一平さんは美男子なのに、なぜ不器量なかの子を嫁に迎えたのだろうか」と、不思議がったという。

二人が結婚した翌明治四十四年（一九一一）には、長男が生まれた。のちに前衛画家として活躍する岡本太郎である。夫の一平が売れっ子の漫画家になったのは、結婚後、『朝日新聞』の連載がうけたからだった。また、かの子はこのころ、平塚らいてう（本名・明《はる》）の青鞜《せいとう》派に加わった。

大正元年（一九一二）、処女歌集『かろきねたみ』（青鞜社刊）を出版したが、たとえばつぎのような歌がある。

「多摩川の清く冷くやはらかき　水のこころを誰に語らむ」

しかし、売れっ子の漫画家と歌人との結婚生活は、なかなか理想どおりにはならない。かの子には精神的な葛藤があり、苦しみがあった。そのせいか、大正二年（一九一三）から四年にかけて神経衰弱になったという。大正五年（一九一六）ころから仏教研究に没頭しはじめた。

その後、大正六年（一九一七）には兄が病没。かの子は大きな衝撃を受けたが、翌年には第二歌集『愛のなやみ』を出版している。

大正十三年（一九二四）には『中央公論』からかの子に、独詠「さくら百首」の注文が舞い込む。文壇への登竜門だったから、かの子は寝食を忘れて歌作に打ち込んだ。

「桜ばないのち一ぱいに咲くからに　生命《いのち》をかけてわが眺めたり」

かの子は原稿を編集部に渡すと、疲れをいやすため、一平とともに上野公園に出かけた。ところが、実際に咲いている桜花を見て気分が悪くなり、嘔吐した。一平は、かの子は空想で桜を満喫したので、それ以上は受け入れることはできなかった、と述べている。それほど神経が繊細だったようだ。

昭和四年（一九二九）、『わが最終歌集』を改造社から出版したあと、夫と息子とともにヨーロッパへ旅立つ。帰国したのは昭和七年（一九三二）だが、かの子は昭和十四年（一九三九）、突如として死んだ。五十一歳だった。

# 村岡花子《むらおかはなこ》

（一八九三～一九六八）

## 健全な青春文学を目指した『赤毛のアン』の翻訳家

モンゴメリの『赤毛のアン』は青春小説として、少女を中心に幅広い人びとに読みつがれている。この『赤毛のアン』を翻訳し、日本に紹介したのが村岡花子だった。さらに、花子の生涯がテレビドラマになり、多くの女性の共感を呼んだ。

花子は幼いころから本を読んだり、文章を書くのが好き、という女性だ。明治二十六年（一八九三）六月二十一日、山梨県甲府市で生まれた。本名ははなである。父は安中逸平《あんなかいっぺい》、母はてつといい、生家は葉茶屋を営んでいた。父の逸平は商いより、本を読むのが好きだったという。花子の本好きは父親譲りだった。

一家で東京に移り住んだのは、明治三十一年（一八九八）のことである。花子は翌年、品川の城南尋常小学校に入学。父は品川でも葉茶屋をはじめ、生計を立てていた。

花子の小学校は海辺にあったから、よく砂浜で遊んだ。しかし、花子は利発な少女で、短歌や俳句をつくるのを楽しみにしていた。よく知られているのは、八歳のときに詠んだ〝辞世の句〟である。

「まだまだとおもいてすごしおるうちに　はや死のみちへむかうものなり」

花子は大病を患い、高熱の日がつづいた。病床で、死を感じたのだろうか。

しかし、母親の熱心な看病のおかげで、まもなく快復し、学校へ通えるようになった。そのうれしさを、また歌に詠んだ。

「まなびやにかえりてみればさくら花　今をさかりにさきほこるなり」

当時、「女子には学問はいらない」といわれ、料理や掃除など家庭のことができればいい、とされていた。ところが、父はなんとか花子の才能をのばしてやりたいと思い、麻布の東洋英和女学校（現・東洋英和女学院）に入学させた。

花子は英語を学ぶとともに、寄宿舎生活のなかで、テーブルマナーなども習得した。教科書は英語や英国史、世界史、世界地理など、ほとんどがカナダでつくられたもので、英文で書かれている。花子は弱音を吐かず、懸命に取り組んだ。

教科書だけでもたいへんなのに、花子は学校の図書室から『若草物語』『小公子』『フランダースの犬』『ロビンソン・クルーソー』などの原書を借り、辞書を引きながらつぎつぎに読破していく。花子は、しだいに少年少女向けの物語に興味を抱くようになった。

明治四十一年（一九〇八）、十六歳のとき、編入学してきた伯爵令嬢柳原燁子《やなぎわらあきこ》（白蓮）と親しくなる。八歳年上だったが、親交は長くつづいた。翌明治四十二年（一九〇九）、花子は燁子の紹介で歌人佐佐木信綱に師事し、和歌を学んだ。

そうした一方、花子は英米文学を原書で読んでいたのだが、あるとき、アンデルセンの『即興詩人』を森鷗外の訳で読み、たいそう感動した。それと同時に、外国には子どもから大人まで読める本が多いのに、日本には少ないということに気づくと、翻訳家を志すようになった。

在学中だったが、創作をはじめたり、翻訳にも手を染めた。明治四十三年（一九一〇）には、矯風会《きょうふうかい》（禁酒・廃娼・平和を目的とした団体）の会報『婦人新報』にそれらの作品が掲載されている。

東洋英和女学校高等科を卒業したのは、大正二年（一九一三）、二十一歳のことだが、翌年からは山梨英和女学校で英語の教師をつとめた。その後、大正五年（一九一六）、『少女画報』に童話や少女小説を発表した。

こうして翌年、二十五歳で『爐邉《ろへん》』と題する著書を出版したのである。花子が目指したのは「子どもから大人まで一緒に読める家庭文学」だが、この考えは終生変わることがなかった。

大正八年（一九一九）には教師をやめ、ふたたび東京へ出て出版社に勤める。本格的な文学活動をするためだった。出版社では、女性や子ども向けの本の翻訳をする一方、編集者としての仕事もこなした。

花子が翻訳した本は、福音印刷という会社で印刷していたが、仕事を通じて若社長（東京支社長）の村岡儆三《むらおかけいぞう》と知り合う。やがて半年後、二人は結婚した。

順風満帆と思われたが、大正十二年（一九二三）九月一日、関東大震災に襲われる。花子が勤めていた築地の出版社も、銀座にあった夫儆三の会社も火災で焼けてしまった。

しかし、大正十五年（一九二六）九月には、長男の道雄が疫痢《えきり》にかかって、わずか六歳で夭逝。だが、花子はそうした悲運を乗り越え、翻訳家としての道を歩きつづける。昭和二年（一九二七）、マーク・トウェインの『王子と乞食』を出版。昭和五年（一九三〇）には、エレナ・ポーターの『パレアナの成長』などを翻訳出版したのだ。

さらに昭和七年（一九三二）にはラジオの子ども番組を担当。全国の子どもたちから「ラジオのおばさん」と親しまれたほど。『赤毛のアン』は、すでに昭和十四年（一九三九）から翻訳を進めていたが、太平洋戦争が勃発し、そうした出版活動がむずかしくなった。

やっと昭和二十七年（一九五二）五月、『赤毛のアン』を出版。この作品は「健全な青春文学」として、いまもなお多くの人びとに愛読されつづけている。その後、『フランダースの犬』『少女パレアナ』など、つぎつぎに出版した。

花子は東洋英和女学校時代、夢中で英語を学び、多くの青春小説を原書で読んだ。そうした努力が見事に花開いたわけである。昭和四十三年（一九六八）十月二十五日、病没した。享年七十六。

# 第5章

# 恋に生き、愛を貫く

# 森《もり》 志《し》げ

一八八〇～一九三六

## 鷗外の愛読者から妻へ

小説『舞姫』や『雁』などで知られる作家森鷗外《おうがい》の妻志げは、二度目の妻だった。しかし、志げにとっても二度目の結婚である。いま風にいえば、バツイチ同士というわけだった。

志げは明治十三年（一八八〇）、大審院《だいしんいん》（現在の最高裁判所）判事をつとめた荒木博臣の長女として生まれた。年頃になって、銀座の資産家の跡取り息子に嫁いだが、夫の放蕩が原因で離婚していたのである。

鷗外は文久二年（一八六二）、津和野藩御典医の家に生まれた。十歳のとき、縁戚の西周《にしあまね》の屋敷に寄寓してドイツ語を学び、明治十四年（一八八一）、二十歳で東大医科を卒業した。

その後、軍医となり、明治十七年（一八八四）にドイツへ留学。そのさなかに、エリーゼという女性を愛し、結婚を考えたほどだった。しかし、家族の反対で、やむなく断念したものの、孤独感にさいなまれ、鬱屈した日々がつづいた。それが鷗外を作家への道へ向かわせることになる。

鷗外は明治二十一年（一八八八）に帰国すると、翌年、二十八歳のとき、十七歳の登志子《としこ》を妻に迎えた。彼女は男爵で海軍中将だった赤松則良の娘である。二人は赤松家の持ち家で暮らしはじめたが、登志子の妹たちが同居していたせいか、不都合なことも多い。

それに登志子はお嬢さん育ちで、鷗外のところに友人たちがやってきても、臨機応変のもてなしができなかった。やがて明治二十三年（一八九〇）九月、長男の於菟《おと》が生まれたのに、翌月には離婚した。

鷗外は「もう妻はいらない」と思ったが、母は花嫁候補をさがしてきて、再婚をすすめた。荒木志げが鷗外と出会ったのは、鷗外が九州小倉の師団軍医部長だったときのこと。鷗外の母が手紙で「後妻に」と、志げを推薦してきたのである。再婚話を断わってきた鷗外だが、このときばかりは「このような美しき人もいるのか」とおどろき、気持ちが動いた。志げも鷗外の作品を愛読していたので乗り気だった。縁談はすぐまとまり、明治三十五年（一九〇二）一月に結婚する。鷗外四十一歳、志げは二十三歳だから、親子ほどちがう。

しかし、小倉での新婚生活は睦まじく、志げは幸せを味わっていた。

志げはどちらかといえば寡黙だし、性格は清廉である。それも鷗外の好むところだから、若い妻をいたわり、慈しんだ。むろん、志げの鷗外への愛情は、なみなみならぬものがあった。

ところが、鷗外はまもなく東京勤務となる。小倉でのおだやかな新婚生活は、わずか三か月ほどで終わった。東京では鷗外の母や弟、妹たちとの同居だから、志げにしてみれば戸惑うことが多い。なかでも姑の峰子は、家の主権をがっちり握って、志げに譲ろうとしないし、なにかと衝突した。

姑や義弟妹には、いらいらさせられる。とくに姑の峰子はひどい。できれば顔を合わせたくない、と思った。その結果、志げは一人で自室にこもって夕食をとるようになった。

鷗外は明治四十二年（一九〇九）三月、志げの奇矯な行動を『半日』という作品に描き、発表した。志げは、これを読んで怒った。そればかりか、志げは自分の体験をもとに短篇小説を書き、その年の年末から発表しはじめる。

志げは三年ほどのあいだに、二十数篇の作品を書いたが、そこに登場する鷗外は思いやりのある夫であり、子どもにやさしい父だった。一方、角突《つの》き合わせる姑の峰子への非難などは、まったく書いていない。

志げは鷗外を愛しつづけたが、姑とは対立したままだった。それというのも、志げは「私は鷗外の妻だが、あの人（姑）の娘ではない」と考えていたからだった。

鷗外は大正十一年（一九二二）、腎臓病を患い、六十一歳で没した。志げは病に苦しむ鷗外を心から支え、世話を焼きつづけた。志げはその後、十数年生き、五十七歳で世を去った。

# 夏目鏡子《なつめきょうこ》

一八七七〜一九六三

## 胃病に苦しむ漱石を支えて

夏目漱石《そうせき》の妻となった鏡子は、仲人にすすめられて見合いをし、素直に結婚した。ごく平凡な結婚である。しかし、二人の性格はかなりちがうし、仲の悪い夫婦として引き合いに出されることが少なくない。

鏡子は明治十年（一八七七）、貴族院書記官長中根重一《なかねしげいち》の娘として生まれた。見合いをしたのは明治二十八年（一八九五）、十九歳のときである。相手の漱石は本名を金之助といい、二十九歳。東大を卒業し、松山中学校の英語教師をしていた。

鏡子は漱石の写真を見たとき、しっかりした顔立ちで好ましい、と思った。さらに、上品でおだやかな人格という印象を受け、見合いを承知したらしい。見合いをした漱石は、鏡子をどう思ったのだろうか。家族に訊かれて、こう答えた。「歯並びが悪いし、黄ばんでいるのに、それを隠そうともしないで平気でいる。そこが気に入った」

家族は「妙なところが気に入るんだね。変人だな」といって笑った、という。

その翌年、漱石は熊本の第五高等学校教授に就任することになったが、それを機に二人は結婚した。漱石は三十歳、鏡子は二十歳である。

鏡子は些細なことを気にせず、しかも豪胆なところがあった。だが、朝早く起きるのが苦手だし、家事も不得手である。だから朝食抜きで、漱石を出勤させた。「とんでもない女房」と非難されても仕方がないところだ。

漱石は、最初から「俺は学者だから勉強をしなければならない。お前にかまっている暇はない」といっていたから、平然としているのかと思うと、そうでもなかった。鏡子の粗雑さにいらいらしていたのである。だから面と向かって悪口をいった。二人の育った環境がちがうし、性格がちがうのだから気が合うはずもない。

漱石はその後、文部省留学生として四年間、イギリスに留学する。明治三十六年(一九〇三)に帰国したが、そのころから神経衰弱となり、異常な行動が目立つようになった。怒り出すと鏡子や女中の髪の毛をつかみ、引き倒すこともあったというから尋常ではない。しかも漱石は、鏡子に離婚を迫った。そのため、鏡子は子どもを連れて実家へ戻ったこともある。

鏡子は漱石の精神状態を疑い、医師に相談した。しかし、鏡子はかなり迷信深かったようだ。『漱石の思い出』に「なんでも頭が気狂いじみて険悪になるのは、毒が頭にのぼるからだ」と書き、その毒をおろすために、食事のあとに毒掃丸《どくそうがん》を入れた薬を飲ませた、という。

最初はおそるおそる薬をあたえたようだが、やがて大胆になり、ぞんざいになったという。それに薬をあたえるのを、長女にも手伝わせた。漱石は神経衰弱になっていただけなのに、鏡子は狂人扱いしたのである。鏡子のほうが異常だったのかもしれない。

弟子たちは、鏡子のやり方にだまっていられなかった。小宮豊隆《こみやとよたか》や森田草平《もりたそうへい》は、それぞれ漱石のことを書き、「漱石の癇癪《かんしゃく》の原因は、鏡子の無理解と無反省からきている」と述べた。鏡子は悪妻だというのだが、どっちもどっちとも思える。

漱石はもともと神経質な性格で、それがもとで胃を病んだ。『吾輩は猫である』で作家デビューしたのは、イギリス留学から帰国して二年後の明治三十八年(一九〇五)である。明治四十三年(一九一〇)、『門』を書きあげたあと、胃潰瘍で入院。伊豆修善寺温泉で療養していたとき、大吐血し、危篤に陥ったほどだ。

その後も入退院を繰り返したが、大正五年(一九一六)、五度目の胃潰瘍の発作を起こして体内出血。そのまま十二月九日、息を引き取った。五十歳だった。

夫婦は二男五女をもうけたが、鏡子と漱石は最後まで理解し合えたのかどうか、はなはだ疑わしい。しかし、鏡子は結局、離婚もせずに漱石を支え、子どもたちを育てた。鏡子は賢く、強靭な母性の持ち主だったのではないか。昭和三十八年(一九六三)、八十七歳の寿命を全うした。

# 北村美那《きたむらみな》

一八六五〜一九四二

## 透谷との激しい恋

明治の世が開幕し、文明開化と謳われるようになると、相思相愛のカップルが目立ちはじめた。江戸時代の結婚は親に従うのが普通だったが、文明開化がもたらした解放感に刺激され、自由な結婚を求めるようになったからだろうか。

むろん、江戸時代にも「相惚《あいぼ》れ」ということばがあったし、相思相愛の夫婦もいた。さらに、明治にはキリスト教が普及し、キリスト教主義を基本とする学校が創立されたりして、純愛といった考え方を信奉する人が増えてきた。北村透谷《とうこく》と、その妻となった美那もそうだった。

美那は慶応元年（一八六五）に生まれた。父の石坂昌孝は南多摩郡野津田（東京都町田市）の豪農で、初代神奈川県会議長をつとめたのち、多摩自由民権運動の旗頭として活躍していた。美那は恵まれた家庭に育ち、ミッション系の横浜共立女学校で学んだ。

一方の透谷は明治元年（一八六八）生まれで、美那の三歳年下だった。多摩地方で盛り上がっていた自由民権運動に参加していた。ところが、透谷の親友が革命の資金集めと称して強盗を働く。しかも、透谷を強盗に誘ったのである。

新しい時代をつくるといっても、強盗で資金をつくるというのはおかしな話だ。透谷は当初、悲憤慷慨《ひふんこうがい》する壮士たちに共感していたのだが、強盗をするわけにはいかない。透谷は悩みながらも政治活動に見切りをつけた。

美那が透谷と出会ったのはそうしたころ、明治十八年（一八八五）夏のことで、透谷が美那の弟公歴《まさつぐ》と親交があったことによる。美那は二十一歳、透谷は十八歳だった。

二人は、石坂家の屋敷にあった柿の木の下で、よく語り合ったという。美那はそのときの情景を、つぎのように書いている。

「透谷は柿の木にのぼった。私はそれをボンヤリ見あげていたが、柿の実がまだ青かったという記憶が残っている。（透谷の）白地の着物といい、青い柿の実といい、たぶん学校の夏休みで郷里へ帰省していたときではなかったかと思う」

当時、透谷は貧乏書生であり、将来どうなるかなど見当もつかない。ところが、美那と透谷とは出会って、たがいに惹かれるものがあったのだろう。透谷は美那に夢中になった。美那には当時、親が決めた婚約者がいたのに、そのことを忘れて透谷にのめり込んだ。二人は激しい恋に陥ったのである。

透谷は当初、美那に惹かれながらも、美那への思いは友情にとどめようと考えて、気持ちの高まりにブレーキをかけようとした。しかし、そのころのわが国では、男と女とのあいだの友情など考えられず、親しくつきあえば愛し合うようになり、やがては結婚を望む、というのが普通だった。

透谷もその点、かなり悩んだらしい。美那に宛てた恋文のなかで、「多くの日本人は情欲によって愛している」として、「われらの愛は情欲以外のものであり、情欲よりもっと強い」と述べた。しかも、「道義の真理にも背かず、世間の俗風もしのぐものだ」と強調している。つまり、透谷は純愛主義者だったといってよい。

美那も透谷とつきあううちに、透谷の情熱的な恋愛観に引き込まれ、共感するようになった。明治二十一年（一八八八）、美那は親の反対を押し切り、婚約を破棄して透谷と結婚した。美那は二十四歳、透谷は二十一歳だった。

やがて美那は女の子を産む。英子と名づけられたが、透谷にとっても心いやされる思いをしたにちがいない。ところが、その結婚生活は長くつづかない。六年後の明治二十七年（一八九四）、透谷は自ら命を絶ってしまったのだ。

透谷の後輩であり、親友でもあった島崎藤村《しまざきとうそん》は、透谷の死についてつぎのように述べている。

「性来の虚弱、物質の欠乏、病苦にもよりましょうが、要するに精神界の勇者として刀尽き矢折れ、斃《たお》れて後止《や》むの心から、この世を辞し去ったもののごとく見えます」

その後、美那は弟を頼って渡米する。なんとか自立したい、という思いからだった。カレッジで学んだあと、帰国して教育にたずさわった。昭和十七年（一九四二）、七十八歳で没した。

# 佐々城《ささき》信子《のぶこ》

一八七八〜一九四九

## 国木田独歩との結婚と破局

佐々城信子と国木田独歩《くにきだどっぽ》との結婚は、名家の令嬢と清貧の文学青年の組み合わせだから、世間は「釣合いが取れない」といっておどろいた。案の定、悲劇がすぐ追いかけてくる。

信子は明治十一年（一八七八）、東京の神田西小川町で生まれた。父は病院長の佐々城本支《もとえ》、母は東京基督《キリスト》教婦人矯風《きょうふう》会副会長をつとめる豊寿《とよじゅ》である。豊寿は一夫一婦制、廃妾廃娼《はいしょうはいしょう》、禁酒運動の指導者であった。

新しい時代の空気を感じさせる家庭で、信子は母に期待されつつ育った。米国メソジスト監督教会が設立した海岸《かいがん》女学校（青山女学校）に通っていたのも、そのあらわれである。母は、やがては信子をアメリカに留学させ、新聞記者にしたい、と考えていたようだ。

ところが、明治二十八年（一八九五）六月、信子は十八歳のとき、佐々城家で日清戦争に従軍した新聞記者を招いて慰労パーティーが開かれ、その席上、国木田独歩に出会ったのである。独歩は『国民新聞』の従軍記者として軍艦千代田に乗り込み、戦況の報告記事を書いていた。

独歩は二十五歳。理知的な信子のものおじしない態度や美しさに一目惚れをし、信子に接近していった。独歩は文学青年だったから英詩を詠じたり、ワーズワースを熱く語る。

信子にしてみれば、まったく出会ったことのないタイプの男であり、その情熱的な態度は魅力的に思えた。

やがて、独歩は求婚する。信子も独歩に好意を抱いていたが、アメリカ留学もあきらめきれない。それに二人のことを知った信子の母が激怒し、独歩との結婚を許さなかった。

母に反対されたせいか、独歩はますます燃える。信子も独歩と結ばれることを強く願った。しかし、周囲には二人の気持ちを知り、母を説得してくれる人が出てくる。そのため、母もしぶしぶ結婚を認めた。ただし、世間体を気にして、佐々城家への出入りを禁じたほか、しばらく東京を離れて暮らすこと、という条件をつけた。

二人は神奈川県の逗子《ずし》に移り住む。信子は母の手元を離れて、自由な気分を味わった。だが、独歩は貧乏のどん底にいた。独歩の日記『欺《あざむ》かざるの記』によれば、二人の一日分の食糧は米五合に甘藷《かんしょ》、あとは豆で野菜はない。魚は、ときどきアジ、サバの小魚だけ、というありさまだった。

お嬢様育ちの信子には、こうした生活は無理である。情熱的に思えた独歩は、一緒に暮らしてみると独断的で、さすがに信子の熱も冷めた。独歩の子を身ごもっているというのに、信子は実家へ逃げ帰った。結婚して、まだ半年も経っていない。佐々城家としては、世間に顔向けできないと、肩身のせまい思いをした。

まもなく信子は、独歩の子を産む。浦子《うらこ》と名づけたが、周囲が白い目で見ていたから信子が育てるわけにはいかない。やむなく、母の豊寿が引き取り、本支の四女として入籍した。形式的には、信子の妹ということになったのである。

その後、父母があいついで病死した。親族はそれを機に、世間の非難をなんとかかわそうとして、信子を渡米させることにした。当時は長い船旅だ。

信子は解放的な気分になったのか、船旅の途次、恋愛事件を起こしたのである。船の事務長武井勘三郎《たけいかんざぶろう》と出会うと、たちまち恋に陥った。こうなると、アメリカへ渡る理由はない。アメリカに着いたあと、信子は武井と一緒に、日本へとんぼ返りしたのである。

ところが、同じ船にアメリカから帰国の途についた鳩山春子《はとやまはるこ》（共立女子大学創立者の一人）が乗っており、二人の行動を見て眉をひそめた。春子は女子教育に尽力していただけに、名家令嬢の行動は許しがたいスキャンダルに思えた。

帰国後、春子は新聞に告発。新聞は、信子のことを「ふしだらな女」と書きたてた。作家の有島武郎《ありしまたけお》は、信子をモデルに『或る女』を書いた。こうして信子は「魔性の女」というレッテルを貼られてしまったのだ。

信子と武井とのあいだに、瑠璃子《るりこ》という娘が生まれている。晩年の信子は、その娘の成長を楽しみにしながら静かな日々をすごした。昭和二十四年（一九四九）、七十二歳で没した。

# 堀合節子《ほりあいせつこ》

一八八六〜一九一三

## 啄木との愛を貫く

石川啄木《いしかわたくぼく》といえば、『一握《いちあく》の砂《すな》』にある、つぎの歌を思い出す人が多いはずだ。

「東海の小島の磯の白砂に　われ泣きぬれて蟹《かに》とたはむる」

啄木は天才であるばかりか、早熟でもあった。天才歌人の妻となったのは堀合節子。明治十九年（一八八六）十月、盛岡市で生まれた。父は堀合忠操《ちゅうそう》といい、岩手郡官吏をつとめていた。母はトキといった。

啄木も同じ年の生まれだが、節子より八か月年上である。岩手県の常光寺の住職だった石川一禎とカツ夫婦の子として生まれた。本名は一《はじめ》である。

家庭環境は二人とも恵まれていたほうだったから、啄木は盛岡中学へ進み、節子は私立盛岡女学校で学んだ。節子が啄木と出会ったのは、盛岡女学校に入学した年のこと。啄木は中学校二年生だった。

二人は淡い恋心を抱いたが、それ以上の冒険心はなかったようだ。節子はかわいらしい女性で、そのうえバイオリンを弾くものだから、年頃になるとつぎつぎと縁談が持ち込まれた。

しかし、そのころには、節子は啄木を一途に思いつめていた。節子の両親は、そのことを知らない。だが、持ち込まれた縁談をつぎつぎに断わるものだから、節子を問いつめた。節子は啄木への気持ちを話し、「夫と呼ぶのは啄木以外はいない」と答えたのである。

節子は十七歳で女学校を卒業したものの、啄木はもう少しで卒業というのに退学した。与謝野鉄幹《よさのてっかん》（寛《ひろし》）と晶子《あきこ》らの『明星』を読んで刺激を受け、なんとしても文学で身を立てたい、と強く思いはじめる。そのためにも上京したい、と決意していたほどだ。

節子の父は、啄木に好意をもてなかった。体が弱いし、文学のためかなにかわからないが、中学を中途退学するとはと、あきれていた。節子とのことには断固反対である。ところが、節子は「啄木の子を身ごもっている」と告げ、結婚の許しを求めた。父はしぶしぶ認めたが、妊娠しているというのは、節子のつくりごとだった。

婚約が成立し、いよいよ結婚式である。それなのに啄木は、ぜひ詩集を出版したいといって上京した。しかも、なかなか帰ってこない。それでも二人は手紙をやりとりして、たがいの恋心を育てていたようだ。

節子は結婚式が近づくと、友人に頼んで啄木を迎えにいってもらった。だが、啄木は「土井晩翠《ばんすい》にあいにいく」といって、仙台で途中下車をし、行方をくらませたのである。

このため、節子は花婿なしで挙式した。啄木との結婚をあきらめるよう忠告する人もいたが、節子は「愛の永遠性を信じて疑わない」といって、啄木との愛を貫こうとした。啄木も「恋より結婚を尊ぶ人は多い。だが、私はちがう。真の結婚とは、心身ともに尊ばなければならない」と考えていた。

明治三十八年（一九〇五）節子は啄木と結婚して盛岡市に住む。未来の成功と幸せを夢見ていたものの、生活は苦しい。やむなく二人は渋民村へ移り、代用教員となった啄木と新しい生活をはじめた。

それでも生活は好転しない。二年後、啄木は北海道へ渡る。新境地を開こうとしてのことだが、ここでも思うに任せることができず、結局、四十一年（一九〇八）春、上京する。

朝日新聞社に校正係として就職したが、たまに金を手にすると、浅草で映画を見たり、娼婦を買ったりするなど遊興に流れた。啄木は無計画で、浪費癖があったようだ。

しかし、創り出す作品は、のびやかで大胆、のちに天才歌人といわれるような歌を詠みつづけた。とはいえ、下宿代が払えずに滞ると、借金せざるをえない。同郷の金田一京助に借りたほか、友人や知人、手当たりしだいに借金した。むろん、給料は前借りを繰り返す。

やがて節子や子ども、老父母が函館から上京する。生活は切迫した。しかし、節子は苦労しながら啄木との愛の永遠性を信じつづけて家庭を守ったものの、長くはつづかない。

明治四十四年（一九一一）、啄木は小石川の借家で肺結核にかかり、病床につく。まもなく節子も発病した。啄木は節子を愛し、感謝するなかで明治四十五年（一九一二）四月、二十七歳で病死。節子は翌大正二年（一九一三）、肺結核で没した。二十八歳だった。

# 大山信子《おおやまのぶこ》

（一八七七〜一八九六）

## 名作を生んだ悲劇のヒロイン

徳冨蘆花《とくとみろか》の小説『不如帰《ほととぎす》』は明治期のヒット作で、物語はヒロインの浪子《なみこ》が華族の令嬢として生まれながら、幼いときに母と死別。継母には冷たくあしらわれ、やがて海軍少尉川島武男《かわしまたけお》へ嫁いだものの、鬼のような姑に、いとしい夫と引き離される。そのうえ、浪子は結核を患い、やがて命が絶える。

この小説は芝居にもなり、新派の代表作となった。

じつをいうと、この浪子のモデルになったのは陸軍大臣大山巌《おおやまいわお》の長女信子である、武男は子爵三島弥太郎だった。『不如帰』の浪子は、あくまでも蘆花が創作した女性だが、大山信子とは、どんな女性だったのだろうか。

信子は明治十年（一八七七）、薩摩出身の陸軍少将巌の長女として生まれた。母は薩摩の吉井友実《よしいともざね》の娘沢子《さわこ》である。十五歳のとき、フランス留学から帰国したばかりの巌に嫁いだ。巌は十八歳も年上の三十三歳だった。

しかし、その母は明治十五年（一八八二）、病没する。あとに残されたのは、六歳の信子をはじめ、三歳の美容子、生まれたばかりの留子であった。次女の美津子は、すでに亡くなっている。

いずれも幼い。そのため、国元の薩摩から巖の妹国子が上京し、子どもたちを養育することになった。信子は、国子にきびしく育てられたようだ。

それも束の間、翌年、父の巖がアメリカ留学から帰国したばかりの山川捨松と再婚したため、信子たちの教育は捨松に委ねられた。捨松は英字新聞を読み、英文で日記を書く、という女性である。しつけも薩摩風からアメリカ風に変わった。

信子は明治二十六年（一八九三）、十七歳のとき、子爵三島弥太郎と結婚する。弥太郎の父通庸《みちつね》は、巖と同じ薩摩の出身だった。弥太郎はアメリカ留学後、農商務省の嘱託になっていた。

結婚して三島家に入った信子は、まもなく咳をするようになったばかりか、発熱して寝込んだ。医師に診てもらったところ、肺結核とわかり、信子は療養のため、大磯の別荘へ出かけた。

その少し前、姑の和歌子や夫の弥太郎が風邪で寝込んだため、信子は看病に明け暮れる。結婚後の緊張もあったろうが、看病疲れが重なり、結核を発病したというのが真相のようだ。

しかし、三島家では、もともと信子には健康に問題があったのではないか、と疑い、大山家に苦情をいう。結局、いざこざが高じて、信子は大山家に引き取られたのである。

その後、信子は沼津や横須賀で療養したが、夫の弥太郎と引き離された恰好になり、心寂しい日々を余儀なくされた。

弥太郎は、信子に宛てて手紙を書いたのに、女中がそれを隠して信子に渡さない。また、信子が弥太郎への手紙を書き、女中に「これをポストに」と頼んでも、手紙が投函されることはなかった。父たちが妨害していたのである。

やがて明治二十六年七月、信子は結婚して一年も経っていなかったが、三島家から追い出された。信子が療養先から隠田《おんでん》の実家へ帰ったところ、三島家から嫁入り道具が送り返されていた。信子は大きな衝撃を受けた。

当時、肺病は死に至る病とされていた。それなのに格別の治療法はなく、ひたすら安静にし、栄養をとるだけだった。それでも快復するのは稀有《けう》なことだから、なかばあきらめ、子どもに感染することを怖れて、病人を遠ざけようとした。

大山家でも信子の病室として、庭に離れを造った。叔母の国子を薩摩から呼び寄せ、信子の看病をしてもらった。ところが、十分な看病をしてもらいながらも、信子は三島家を懐かしく思い、夫の弥太郎を慕いつづけた。

明治二十八年（一八九五）九月、正式な離婚の手続きが取られる。一方、弥太郎は十一月に再婚する。病で気弱になっていた信子には、堪えがたい報せだったにちがいない。ついに、命の火は消える。その翌明治二十九年（一八九六）五月、信子は二十歳の若い命を閉じたのである。

## 永井荷風を愛した舞踊家

# 藤蔭静枝《ふじかげしずえ》

一八八〇〜一九六六

舞踊家の藤蔭静枝は明治四十二年（一九〇九）、三十歳のとき、作家の永井荷風《ながいかふう》と知り合う。当時、静枝は〝文学芸者〟といわれるほどの文学好き。お座敷に呼ばれることも多く、やがて親しくつきあうようになり、ついに大正三年（一九一四）、二人は結婚した。静枝はしかし、普通の妻になったわけではない。

藤蔭静枝とは、どんな女性だったのだろうか。

静枝は明治十三年（一八八〇）、新潟市古町のすし屋の娘として生まれた。本名を内田八重《うちだやえ》という。

幼いころから人目を惹く美しい女の子で、しかも利発だった。同じ町内で妓楼《ぎろう》を営む佐藤しんに、その点が見込まれ、五歳のときに養女となる。養母のしんは、さっそく八重に舞踊と三味線を仕込んだ。

八重が九歳になると、養母のしんは本格的に舞踊を習わせようと、師匠に弟子入りさせた。師匠はきびしい人で、八重が子どもだからといって練習に手加減を加えなかった。

ところが、八重は十一歳のときに家出をする。「なにかをやりたい」と思ってのことらしいが、宿屋に泊まっているところを見つかり、連れ戻された。その後、十三歳のとき、八重の気持ちをわしづかみにする出来事があった。

それは、女役者市川九女八《いちかわくめはち》が新潟に巡業に来たことだった。演《だ》し物は「京鹿子娘道成寺《きょうがのこむすめどうじょうじ》」と「勧進帳」である。八重は九女八の美しさと華やかな舞台に息をのみ、われを忘れた。自分もあのように舞台に立ってみたい、と思ったのである。

その望みは実現しなかったが、八重は舞妓《まいこ》から芸妓となり、新潟の名妓として雑誌の口絵を飾るほど人気が出た。しかし、明治三十一年（一八九八）、十九歳になった八重は、座敷で出会った東京の若い男と恋に落ちた。

八重は男のあとを追って東京に出たが、男の家が裕福で、しかも厳格であることを知り、実践《じっせん》女学校に入って学びはじめた。男と結婚しようと思ってのことだが、級友のなかには雑誌の口絵で八重が芸者だったことを知る者がいて、大騒ぎになった。

八重はやむなく退学して、新潟に帰ったものの、芸妓に戻るわけにもいかず、明治三十二年（一八九九）、ふたたび上京する。九女八のところに押しかけ、内弟子にしてもらった。熱心に稽古に励んだが、八重は小柄だったから役者としては舞台映えしない。九年後に役者の道をあきらめ、また新潟に帰った。だが、芸の道は魅力的で捨てがたい。明治四十二年（一九〇九）、八重は役者がだめなら舞踊で身を立てたいと思い、三度目の上京をしたのである。

八重は三十歳になっていたが、藤間勘右衛門《ふじまかんえもん》の弟子となり、きびしい修業の日々をすごした。こんどこそ、という思いもあったろう。八重は、舞踊に命を投げ出すという思いで、踊りつづけた。

八重は文学にも親しみ、カフェ・プランタンにも出入りするようになった。そこは〝文壇酒場〟で、永井荷風や小山内薫《おさないかおる》、吉井勇《よしいいさむ》らがよく顔を見せており、八重も親しく話をするようになった。なかでも荷風とは気があったらしく、すぐ深い仲になった。

ところが、荷風は大正元年（一九一二）九月、ある商家の娘と結婚した。しかし、夫婦仲はよいとはいえず、半年後の大正二年（一九一三）二月には離婚している。

その間、八重と荷風との関係がつづいていたのかどうか、よくわからない。だが、荷風は離婚したあとの五月、病を患ったため、八重は毎日のように荷風の家を訪れ、献身的に看病をつづけた。

八重は大正三年（一九一四）、荷風と正式に結婚した。だが、荷風の派手な女性関係がつづいており、それが許せなかった。激しい気性の持ち主で、誇りも高かったというが、翌大正四年（一九一五）、八重は突如として荷風の家を出た。

その後、八重は舞踊に専念しようと思ったのだろう。大正六年（一九一七）に藤蔭《とういん》会を設立し、意欲的に公演を行なった。

さらに昭和六年（一九三一）には藤間流の名取を返上し、藤蔭《ふじかげ》流を創立、後進の育成にも力を尽くした。「藤蔭静枝」を名のったのは、このときからである。昭和四十一年

（一九六六）、八十七歳で逝去した。

## 波多野秋子《はたのあきこ》

一八九四〜一九二三

### 有島武郎との情死

「婦人公論」編集記者の波多野秋子は、大正十二年（一九二三）、作家の有島武郎《ありしまたけお》と軽井沢の別荘で心中した。新聞は「有島武郎氏情死す／有夫の女性と軽井沢で／遺書五通を残して縊死《いし》」などの見出しを掲げて報じた。

事件が報道されると、世間の人びとはおどろき、「あの良心的な作家がなぜ、心中しなければならなかったのか」と、訝《いぶか》しがった。

有島と心中した波多野秋子は、どのような女性だったのか。

明治二十七年（一八九四）十月、東京で生まれている。父は実業家の林謙吉郎、母は新橋烏森《からすもり》の芸者新吉である。秋子は謙吉郎にかわいがられ、当時としてはかなり贅沢な暮らしをしていたようだ。

その証拠に、下田歌子が経営する実践高等女学校に通い、卒業後には津田英学塾に進学した。明治四十五年（一九一二〈七月三十日に大正と改元〉）、十九歳の春のことである。

さらに津田英学塾に通うかたわら、英語塾でも学んだ。この英語塾の経営者が、のちに秋子の夫となる波多野春房《はるふさ》である。秋子は大正三年（一九一四）、春房と結婚した。

春房は秋子の十三歳年上で、当時すでに妻がいた。アメリカ帰りの美青年だったから、秋子はすぐに夢中になったらしい。一方、春房も秋子の美貌に惹かれ、やがて妻と離婚した。こうして二人は結婚したが、秋子はこれを機に津田英学塾から青山女学院英文科へ転学した。

秋子は学生妻として通学したが、大正七年（一九一八）三月、青山女学院を卒業。すぐ中央公論社に入社し、『婦人公論』の編集記者として仕事をするようになった。

夫の春房は、これに異を唱えることもなかった。当時としては、妻に自由を認めた珍しい男だった。また、春房は秋子に貞淑な妻であることも望まなかったという。一見、寛大に思えるが、春房には女性関係の噂が絶えず、道徳的には疑わしいところがあった。

秋子は、家庭は憩いの場であり、幸せな妻であると装っていた。しかし、『婦人公論』の同僚に、ふと「とても寂しい」とか、「死んでしまいたいわ」などと、もらすことがあったともいわれている。

実際、夫の春房から心底愛されているわけでもないし、自由をあたえられているといえば聞こえはいいが、夫は秋子にたいして無関心なのではないか、と思えるほどそっけない。そうした春房の態度に失望し、秋子は「寂しい」と思っていた。

しかし、秋子は『婦人公論』の仕事に満足した。編集者としては駆け出しだが、なによりもその美貌がものをいったのである。気むずかしい作家も執筆を引き受け、原稿を書いてくれた。

秋子が有島武郎に原稿を依頼するため、有島邸を訪れたのは大正十一年（一九二二）のことである。有島は最初の依頼を断わったが、秋子がたびたびやってくるものだから、友人たちにおどけた口調で「美貌の婦人記者が僕を誘惑に来るんだ」などと話していたという。

有島は大正五年（一九一六）に妻を亡くしたあと、自我に目覚め、封建的な社会に敗北した多感な女性の、悲劇的な一生を描いた名作『或る女』を発表し、熱狂的な女性ファンの支持を得ていた。

秋子はやっとの思いで、有島から原稿を受け取る。それ以降も、有島邸をよく訪れ、話し込んだり、家の手伝いまでした。やがて相愛の仲になる。二人で外泊することもあった。夫の春房は、二人の関係を察知して秋子を責め、白状させた。その一方、春房は有島に金銭での取引を持ちかけた。「喜んで秋子を進上するが、代金を支払え」と、迫ったのである。

有島は「命がけで愛している女を金に換算するなど、屈辱的なことはできない」と拒否。だが、世間の明るみに出れば、二人とも無事ではすまない。そこで二人は、死を覚悟して軽井沢の有島邸別荘で、遺書を残して死んだ。大正十二年六月九日、秋子は三十歳、有島は四十六歳だった。

# 高《たか》村《むら》智《ち》恵《え》子《こ》

（一八八六〜一九三八）

## ひたすら光太郎を思いつづける

おそらく高村光太郎《こうたろう》の詩集『智恵子抄』を知らない人はいないだろう。「智恵子は東京に空が無いといふ」という一節は、目にしたり、耳にしたことがあるはずだ。

『智恵子抄』は、たんなる詩集というだけでなく、光太郎と智恵子とが紡ぎ出した愛の物語という要素が強い。昭和三十二年（一九五七）に原節子と山村聰《そう》主演で映画化されたのをはじめ、いくども映画や芝居になり、二人の愛の物語はさらに演出され、感動的なドラマへと仕立てられていった。

さて、その智恵子だが、明治十九年（一八八六）、福島県安達《あだち》郡で生まれた。斎藤今朝吉《けさきち》、せん夫婦の長女である。その後、今朝吉は、せんの母が再婚した造り酒屋長沼次助《ながぬまじすけ》の養子になった。したがって、智恵子も長沼姓となり、長沼家で育てられた。

智恵子は少女のころから頭がよく、活発だったという。教育熱心な母親に育てられ、福島高等女学校へ進んだ。

やがて明治三十六年（一九〇三）、十八歳で上京し、日本女子大学に入学した。女子大生のころは口数が少なく、おとなしかった、といわれる。しかし、誰も乗らないのに自転車を乗りまわしたり、テニスに興じたりしていたというから、活発さは失われていなかった。明治四十年（一九〇七）、二十二歳で日本女子大学家政学科を卒業する。在学中に油絵に興味を抱いていたことから、郷里の父母を説得して東京にとどまり、太平洋画会研究所に入って油絵を学んだ。やがて、新進画家の中村彝《つね》、斎藤与里治《よりじ》、津田青楓《せいふう》らと知り合い、影響を受けた。

また、明治四十四年（一九一一）には、平塚らいてうの女性解放運動に加わり、雑誌『青鞜』の表紙絵を描いた。

智恵子が彫刻家の高村光太郎と出会ったのは、このころのことである。光太郎は明治十六年（一八八三）生まれだから、智恵子より三歳年上である。東京美術学校を卒業したあと、アメリカ、フランスへ留学し、帰国したばかりだった。

光太郎と知り合った翌明治四十五年（一九一二）、二人のあいだに恋が芽生える。そのうちに房総半島へ出かけたり、上高地へ婚前旅行をした。こうして大正三年（一九一四）、智恵子は光太郎と結婚した。

結婚後も智恵子は絵を描きつづけたが、色彩を使いこなすことができず、苦しむ。

昭和四年（一九二九）、四十四歳のとき、悲劇的なことが起こる。それは、実家が破産し、一家離散となったことだった。智恵子にとって実家は安息の場となっていただけに、大きな衝撃を受けた。

昭和六年（一九三一）には、母のせんと姪の春子が東京に出てきて、中野に住みはじめたものの、生活は苦しい。智恵子は「不幸なかあさんのために働きますよ」と、手紙を書いて励ましたが、いくら努力をしても智恵子の絵は売れない。もともと絵を描いて金を得るというのは、むずかしいことだった。

それからまもなくして、智恵子に統合失調症の兆候があらわれる。初めてのことだが、光太郎は旅行中で家にはいなかった。たまたま母と姪が留守宅を訪れていて、智恵子の異変に気づいたらしい。

原因はよくわからないが、心労が重なり、精神が混乱してきたのではないか、ともいわれる。

翌昭和七年（一九三二）、智恵子は自殺を企てたものの、未遂に終わる。それ以降、智恵子の症状はますます悪化した。やむなく入院する。看病にあたったのは、姪の春子だった。智恵子は画家ではあったが、精神に異常をきたしてから油絵の筆を捨て、色紙の切り絵の世界にのめり込んだ。

智恵子は千数百点もの優美な切り絵を制作したとされる。油絵の世界から離れて、素朴な味をもつ切り絵の世界にやすらぎを感じていたにちがいない。光太郎が見舞いに訪れると、知恵子は無邪気に作品を見せた。

狂気のなかでも、智恵子はひたすら光太郎を思いつづけ、昭和十三年（一九三八）十月、五十三歳で没した。光太郎が詩集『智恵子抄』を出版したのは、その三年後のことである。

## 榎本多津《えのもとたつ》

（一八五二〜一八九三）

### 留守がちな愛妻家を支えて

榎本武揚《たけあき》は、幕末の箱館五稜郭《ごりょうかく》で政府軍と戦った軍人だが、戦後は海軍中将兼特命全権公使としてロシアの首都ペテルブルクに駐在するなど激務に追われた。この武揚の妻が多津である。

多津は嘉永五年（一八五二）、幕府の蘭方医林洞海《はやしどうかい》の娘として、江戸の薬研堀《やげんぼり》で生まれた。

父の洞海は蘭方を学んだが、同門の先輩佐藤泰然《たいぜん》の知遇を得て、長崎へ留学している。泰然は下総《しもうさ》佐倉藩医で、のちに「順天堂」を創立した。洞海は泰然の娘つると結婚。二人のあいだに生まれたのが多津だった。洞海は幕府の製薬所に勤務したあと、将軍家侍医、法眼《ほうげん》に出世した。維新後は静岡藩病院副長、大阪医学校長を歴任している。没落した幕臣が多かったなかで、多津は恵まれた家庭で育った。

しかも、多津は和漢をはじめ、詩歌にも通じていた。そのうえ、知的な美貌の持ち主とくれば、結婚相手としては申し分ない。多津の兄研海と武揚とは、たまたま一緒にオランダ留学した仲間だが、帰国後、研海から多津のことを聞いた武揚は、多津を妻にと望んだ。

こうして慶応三年（一八六七）、多津は十六歳で武揚に嫁いだ。しかし、平穏な新婚生活は長くつづかない。翌慶応四年（一八六八）、夫の武揚は幕府の海軍副総裁に任じられ、開陽丸へ艦長として乗ることになったのである。開陽丸はオランダで建造された軍艦で、武揚はこの開陽丸に乗り、帰国したのだ。それに二千五百九十トンもあるから、太平洋横断に成功した咸臨丸（六百二十五トン）よりはるかに大きい。

ところが、鳥羽伏見で戊辰《ぼしん》戦争がはじまり、武揚も巻き込まれていく。多津自身、新婚生活を楽しんでいる間《ま》もなかった。わずか半年足らずで、甘い夢は消し飛んだ。

幕府軍が敗北し、挙げ句の果てに江戸城の無血開城へと追い込まれたが、戦火はさらに奥羽に広がる。武揚は幕府艦隊をひきいて蝦夷地を目指し、箱館五稜郭に籠城して徹底抗戦したものの、ついに力尽き、降伏した。

多津はその間、夫のことを思い、ただやきもきするばかりだった。やっと戦争が終わったかと思えば、こんどは牢につながれる。武揚の獄中生活は二年半におよぶ。留守を守る多津には、それだけ辛い歳月がつづいたわけである。

悪くすれば武揚の命はないのだから、多津にはやすらぐ日々はない。明治五年（一八七二）、武揚が出獄してきたときには、どれほどうれしかったことか。多津は、まだ二十一歳の若さなのだ。

多津は武揚の顔を見て、これでやっと平穏な生活ができる、と思った。しかし、明治政府は知識と経験の豊富な武揚をほうっておかない。すぐに北海道開拓使出仕を命じ、武揚は一人で北海道へ赴任していった。またもや多津は、置いてきぼりにされた。

つづいて明治七年（一八七四）、武揚は特命全権公使としてロシアの首都ペテルブルクに駐在する。いずれも長期にわたる単身赴任だから、妻の多津とゆっくり歓談したり、ともに時間をすごす機会は少なかった。

それでも二人のあいだには、明治六年（一八七三）に長男の金八、その後、次男春之助、三男尚方と、三人の男子ができた。金八は、のちに名を武憲といい、黒田清隆の娘梅子と結婚する。多津は夫が留守がちな家庭を守り、妻として夫を支え、母として子どもたちの養育に尽くした。

武揚はそうした多津に、ともにすごす短い時間を補うように、たびたび手紙を書き、多津の気持ちに応えた。「金八に洋服を送ったよ。たびたび写真を眺めている。ついでの折に多津の写真も送っておくれ」などと書いたのである。

多津はそうした手紙を受け取り、武揚と一緒に暮らす時間は短かったが、より深い愛情を感じ、満ち足りた気分を味わっていたようだ。

しかし、明治二十六年（一八九三）、多津は四十二歳で病没した。武揚が死去したのは十六年後、明治四十一年（一九〇八）のことである。

## 乃木静子《のぎしずこ》

一八五九〜一九一二

### 夫に殉じた軍人の妻

明治天皇の崩御が公表されたのは、大正元年（一九一二）七月三日のことだが、皇太子嘉仁《よしひと》が皇位を継ぎ、年号は「大正」と改元された。大喪《たいそう》は九月十三日、青山の帝国陸軍練兵場（現在の神宮外苑）で行なわれた。大喪を開始する号砲が鳴りひびいたのは午後八時だが、同じころ、陸軍大将乃木希典《まれすけ》が妻静子とともに、赤坂の自邸で殉死《じゅんし》した。希典六十四歳、静子は五十四歳だが、夫とともに殉死した静子は、どのような女性だったのだろうか。

静子は安政六年（一八五九）、薩摩藩医湯地定之の娘として生まれた。

明治五年（一八七二）、十四歳のとき、一家とともに東京に移り住む。麴町女学校で学んだあと、明治十一年（一八七八）、二十歳で十歳年上の乃木希典に嫁いだ。

静子の名は当初、「お七」といったが、結婚するとき、希典は「薩摩ではお七でもよい。しかし、江戸では放火犯八百屋お七を連想するのでよくない」といって改名させた。

結婚当時、希典は歩兵第一連隊長をつとめていたが、前年の明治十年（一八七七）、西南戦争のときには敵軍に軍旗を奪われる大失態を演じた。天皇の優諚《ゆうじょう》に救われたが、すっかり落ち込み、乱酔狂態の日々を送っていた。

知人たちは、なんとかして希典を立ち直らせたいと、静子との結婚を取りもった。だが、希典はぶっきらぼうというか、思いやりに乏しい男だった。婚儀の当日、静子を前にこういったのである。

「やかましい母がおり、心の曲がった妹もいる。それで辛抱できないと思うなら、盃《さかずき》せぬがよかろう」

このようなことばは、もっと前に伝えるべきものだ。当日、面と向かっていわれた静子は、どのような気持ちになっただろうか。

静子は翌年、長男勝典《かつすけ》を出産し、その二年後に次男保典《やすすけ》を産む。さらに一男一女を産み、育児に励んだが、どちらも早世した。静子がそのように子育てに懸命になっていても、希典の大酒はやむことがなく、陸軍のなかでも評判になっていた。

明治三十七年（一九〇四）、日露戦争がはじまると、静子は陸軍大将に昇進した夫の希典だけでなく、軍人になった長男と次男も戦地へ送り出さなければならなかった。

戦地へ赴くということは、死をも意味する。案の定、長男勝典は戦死してしまった。静子はその報せを聞くと泣きくずれ、ハンカチを噛み裂いたという。泣き声をもらすまいとして、ハンカチを口に当てて噛んでいたからだった。悲しみを鎮めて訪問客に会ったのは、何日も経ってからのことだった。

つづいて次男保典が戦死する。こんどは、静子も気丈に振る舞った。

「よそ様のお子様を、たくさん戦死させました。その親御様たちに、これで希典も私も、せめてもの申し訳がたちます」

希典はその後、伯爵となり、学習院院長、宮内省御用掛に任じられる。

いくら夫が昇進したにせよ、わが子を二人も戦争で失った悲しみは、消えるものではない。静子の母としての、そうした気持ちを、希典は理解できなかったのかもしれない。

静子は伯爵夫人となったわけだが、以前と同様、身なりは質素だし、人前に出ることを嫌った。

華麗に装うということはなく、無造作なひっ詰め髪で、地味な絣《かすり》の着物を着ることが多い。那須では〝飯炊き女〟のような真岡木綿《もおかもめん》を着ていた。

天皇の園遊会では「あの隅にいる巫女《みこ》は誰だ」とささやかれたが、それは黒木綿の紋付を着ていたからだった。

静子の辞世の歌というのがある。

「出でましてかへります日のなしときく　けふの御幸《みゆき》に逢ふぞかなしき」

しかし、静子は短歌を詠むタイプの女性ではなく、ほかに作品があるわけではない。このため、辞世の歌はおそらく希典が書いたものではないか、ともいわれる。

静子の殉死によって「貞烈無比《ていれつむひ》の夫人」と称えられたが、実際の静子はきわだった貞女というのでもない。「忍従と犠牲を貫き通した典型的な明治の女」と評されることが多い。

## 南方松枝《みなかたまつえ》
一八七九〜一九五五

### 奇人学者に寄り添う妻

博物学者で民俗学者の南方熊楠《くまぐす》は、奇人学者として有名だ。奇人ゆえに、妻の松枝には苦労が絶えなかった。

松枝が生まれたのは明治十二年（一八七九）、和歌山県田辺で、父は闘鶏《とりあわせ》神社の宮司《ぐうじ》田村宗造である。

長じて二十八歳のとき、明治三十九年（一九〇六）六月、南方熊楠と結婚した。熊楠は慶応三年（一八六七）、和歌山で生まれているから、このとき四十歳。松枝より十二歳年上だった。

熊楠は、幼少のころから動植物や鉱物に関心をもち、採取をはじめていた。明治十九年（一八八六）に渡米して、動植物や粘菌《ねんきん》類の研究をつづけた。その後、ロンドンに渡り、大英博物館の嘱託になっている。

明治三十三年（一九〇〇）に帰国。それ以降は田辺を拠点に粘菌研究に没頭した。

熊楠は、結婚の理由について「独身だと不便だから」と述べているが、若い妻を気に入っていたようだ。松枝は宮司の娘だけあって、古いしきたりなどに通じている。

その松枝を、土俗旧慣《どぞくきゅうかん》の生きた百貨店のようだ、と評したが、これは松枝をばかにしたわけではない。土俗旧慣も熊楠の興味の対象だから、そのような女性に出会えたことを素直に喜び、松枝への愛情をそうしたことばで表現したのだろう。

二人の結婚は、内外を問わず、多くの人びとから祝福された。たとえば、熊楠がロンドンで学んでいるときに親交のあったディキンスから手紙と贈物が届けられた。ディキンスは国立ロンドン大学総長であり、ジャパノロジスト（日本研究家）としても知られていた。

「君の妻に〝私の知るもっとも卓越した日本人への賛辞を込めて、この指輪を贈る〟と伝えてください」

贈物の指輪は、ダイヤをちりばめた見事なものだった。当時の日本人女性で、外国の知識人から結婚祝いの指輪を贈られたという例は、珍しいのではないだろうか。

そのように祝福された松枝だったが、初夜はどん底に落とされたようなものだった。新婚生活は、熊楠の家ですごすことになったのだが、なんと寝床に虱《しらみ》がわいていたのである。

松枝は、ゆっくり眠るどころではない。松枝は最初の夜から懸命に虱退治をせざるをえなかったが、これが松枝の初仕事になった。

熊楠は天才的な語学力で、十九か国語を読み書きできたという。それだけに知識量は膨大だし、交際範囲も広い。しかし、学者としてずば抜けていたとしても、人間的にきちんとしていたかというと、必ずしもそうではない。

熊楠は非常にだらしなく、不潔だし、なにかといえば激情するところがあった、というから、共同生活をするにはいささかやっかいな人物である。

松枝は、普通の感覚をもつ女性だから、本が机の上に乱雑に置かれていたり、標本があちこちに散乱していると、つい片づけたり、掃除したくなる。ところが、松枝が片づけると、熊楠は怒鳴った。庭を掃除したり、草取りをしていても同じだった。じつは、熊楠は家の中のさまざまなところで粘菌を培養し、観察していたのだ。

それでも夫婦仲はよかったとみえて、一男一女を授かった。子どもがうるさく話をしたり、動きまわったりするのは当然のことだが、熊楠は「うるさくて研究が進まない」といって、暑い日でも子どもたちを外に出して筵《むしろ》の上で遊ばせ、自分は研究に没頭した。

研究とは対照的に、家庭内のこととなると、関心がなく、まったく気にかけない。だからなにを聞かれても、「家内に聞いてくれ」というばかりだった。

その反面、松枝が熊楠を叱りつけたり、やり込めたりすることもあった。奇人学者といっても、家庭内では子どものような一面を見せたらしい。松枝は、そうした熊楠を巧みにあしらっていたのである。

昭和四年（一九二九）、熊楠が昭和天皇へ御進講をすることになったとき、松枝は「御召しを辞退してください」と、強く反対した。あとでやっかいなことになっては困る、と思ったようだ。結局、御進講は行なわれ、松枝も正装して記念写真におさまった。

なにやら不思議な夫婦に思えるが、じつをいうと、松枝には奇人の夫に負けていない強靭さがあったのではないか。長年、一緒に暮らすことができた秘密は、そこにあった。

# 第6章

# 世を騒がせ、話題になった女性

# 高橋《たかはし》お伝《でん》

一八五一〜一八七九

## 色と欲との二股かけて

事件が起きたのは、明治九年(一八七六)八月二十九日のことである。高橋お伝という若い女性が馴染みの古着屋後藤吉蔵《ごとうきちぞう》を金目当てで、浅草蔵前の丸竹旅館におびき出して殺害。所持金二十六円を奪い、逃亡したのだ。

この事件は新聞紙上を賑わしたが、お伝は明治十二年(一八七九)一月、斬殺刑となった。まもなく芝居になり、本も出版され、毒婦として有名になった。

お伝は嘉永四年(一八五一)、上野国(群馬県)利根郡下牧村に生まれたという。沼田藩(群馬県沼田市)家老の広瀬半右衛門《ひろせはんえもん》が小間使に産ませた子といわれる。不義の子だったことから、生後二か月ほどして下牧村の高橋勘左衛門《たかはしかんざえもん》の養女とされた。

しかし、勘左衛門が妻と離婚したため、お伝は勘左衛門の兄九右衛門《きゅうえもん》に養育された。やがて色白で、黒い瞳の美しい少女に成長したという。そのため、若者のなかには、お伝をつけまわす者も少なくなかったようだ。

十四歳で同じ村の宮下要次郎《みやしたようじろう》と結婚したものの、夫婦仲がしっくりいかず、二年で離婚。お伝は料理屋で働きはじめたが、熱心に口説く客もいて、養父は心配でならない。そこで養父はお伝を連れ戻し、高橋波之助《なみのすけ》を婿養子に迎えた。

当初、二人は仲よく野良仕事をはじめたので、養父は安心し、隠居した。ところが、波之助は養父の隠居を機に、野良仕事をせず、賭場《とば》に出入りするようになった。まもなく、博打《ばくち》のかたに田畑を取られたのである。そればかりか、難病にかかったのだ。治療費がかさみ、しだいに生活が苦しくなって、ついに二人は夜逃げをした。

お伝は横浜で女中奉公に出たが、波之助は病状が悪化し、寝たきりになった。当時の横浜は文明開化のさなかで、外国人が増えていたから外国人相手の娼婦も多い。お伝は、女中奉公では収入が低く、波之助の治療費もおぼつかない。

お伝は外国人相手だと稼ぎがいい、という噂を聞き、その仲間になって夫を支えた。しかし、明治五年（一八七二）、波之助は息を引き取った。

一人になったお伝は東京に出て、小沢伊平という商人の愛人になった。むろん、金が目当ての関係である。それでも落ち着くことができず、伊平のもとを飛び出すと、無頼者《ぶらいもの》の小川市太郎と暮らしはじめるのだ。

まもなく、お伝は市太郎に感化され、一緒にあこぎなことをやり出す。いい寄る男に身を任せ、あとで脅して金を巻き上げる、ということまでやってのけた。

欲望というのは、どこかで抑制しなければきりのないものだが、お伝は抑制することができず、欲望を肥大させるばかりだった。「大金がほしい」と思いつめるようになったのである。そんなときに知り合ったのが、五十過ぎの後藤吉蔵という男。東京日本橋で古着商を営み、金をため込んでいた。お伝に惚れて、何度か旅館に泊まったのをいいことに、お伝は吉蔵から二百円を出させるため、「儲け話がある」といって口説いた。

なんとか金を出す、という約束を取りつけたのである。その日、二人は浅草蔵前の丸竹旅館に泊まった。しかし、吉蔵も商売人だから、そうやすやすと大金を渡すつもりはない。お伝の体をむさぼると、「悪い。金は都合できなかった。このつぎ、かならず用意するから」と、いい逃れ、そのまま寝入ってしまった。

吉蔵の顔を見ていると、無性に腹が立つ。お伝は二百円を期待していただけに、騙されたと知って、吉蔵を「許せない」と思った。隠し持っていた剃刀《かみそり》を取り出し、吉蔵の息の根を止めた。そのあと、吉蔵が所持していた二十六円を奪って逃走したのである。

だが、お伝はまもなく逮捕され、二年余におよぶ裁判の末、明治十二年（一八七九）、死刑となった。

江戸時代には小伝馬町《こでんまちょう》に牢屋敷があったが、明治になると市ヶ谷《いちがや》に移転し、市ヶ谷監獄と称した。うっそうとした森の中に絞首台と首斬りの土壇場《どたんば》があり、その周囲は黒塀で囲まれていた。お伝は、ここで斬首となったのである。二十九歳だった。

# 原田《はらだ》きぬ

一八四四〜一八七二

## パトロンを毒殺した罪

「夜嵐《よあらし》にさめて跡なし花の夢」

明治五年（一八七二）二月、原田きぬは殺人の罪で処刑されたが、その前に辞世の句を詠んだ。本当に原田きぬの作かどうか不確かだが、この句によって、「夜嵐お絹」と通称されるようになった。

お絹は弘化元年（一八四四）、渡用人《わたりようにん》原田大助の娘として江戸で生まれた。渡用人とは、小禄《しょうろく》の旗本の家で年季で働く者。勤めているあいだは武士の扱いを受けるが、勤め口がなければ庶民に戻る、という不安定な立場だ。

お絹が十六歳のとき、父母が前後して病死。その後、叔父に引き取られたが、やがて下《しも》野国《つけ》烏山藩《からすやま》（栃木県那須烏山市）主大久保忠順《ただのり》の側室となり、嫡子を産んだ。幸せな一生をすごせそうな状況である。

しかし、時代の激変がそれを許さなかった。明治維新によって武家社会が終焉を迎え、お絹も大久保家からお暇《ひま》を出されたのである。遊んでばかりもいられないので、お絹は明治元年（一八六八）、浅草猿若町で芸者になった。

やがて金貸しの小林金平に口説かれ、愛人になる。お絹は猿若町の家で、女中と二人で気楽に暮らしはじめた。

だが、まもなく役者の嵐璃鶴《あらしりかく》とただならぬ関係になる。そのきっかけをつくったのは、知り合いの深井伊三郎だった。

ひさしぶりに出会った伊三郎は、つてを得て上方からやってきた嵐璃鶴の〝送り〟をしていることを話した。送りとは、役者の付き人のことである。伊三郎は、璃鶴のパトロンをさがしていたらしく、さりげなくお絹に、璃鶴のひいきになってくれるよう口説いた。

お絹は役者に興味はなかったが、伊三郎に誘われ、やむなく璃鶴の舞台を見に行った。芝居そするとと、案に相違して魅了された。璃鶴は品のよい、目許の涼しげな美男である。芝居そのものはそっちのけで、璃鶴の姿を目で追いつづけた。

そのうち、璃鶴を芝居茶屋に招き、酒の相手をさせるまでになった。

上方出身だけあって、璃鶴はなにごとにも物柔らかく、お絹をいたく喜ばせた。当初は、かりそめの火遊びだったが、やがてお絹は本気になる。恋に落ちたのだ。

まるで、底なし沼に引き込まれるかのように、男女の享楽的な情愛の世界におぼれた。こうなると、旦那の小林金平に冷たくなる。それればかりか、金平の存在そのものがうっとうしい。なんとかして縁を切りたいのに、いい手が思いつかなかった。

だが、金平はお絹の言動に不審なものを感じていた。ついに金平は行動を起こす。お絹を妾宅《しょうたく》にしばりつけておけば、浮気をすることもあるまい。金平はそう思い、お絹の髷《まげ》をつかむと、根元から切り取った。「黒髪は女の命」といわれた時代のことである。いくら旦那とはいえ、金平の行為は言語道断、許されることではなかった。

お絹は、璃鶴に会って気晴らしをしたいと思い、頭巾で頭を隠して逢いに行く。ところが、璃鶴は師匠の中村翫雀《がんじゃく》に「主《ぬし》のある女などに手を出すな」と戒められていたこともあって、居留守を使って避けた。

それなのにお絹は、璃鶴と一緒になるためにも邪魔な金平を取り除くほかない、と思いつめていた。お絹は女中に命じて「石見銀山鼠取り《いわみぎんざんねずみとり》」を買わせた。これは猛毒で、銀を精錬するときに副産物としてできる砒素《ひそ》である。

これを少しずつ食べ物に混ぜて、金平にあたえた。即死すれば、誰しも不審に思う。お絹はそれを避けようとしたのだ。やがて金平は、苦悶しながら血を吐き、絶命した。

明治四年（一八七一）一月八日のことである。お絹は急いで医者を呼んだが、当時の医者に砒素で死んだなど、わかる人は少ない。案の定、「食あたりによる急死」と診断し、決着をつけた。

お絹は、璃鶴のもとにころがり込む。ところが、半年後に逮捕され、すべての事情が明らかになった。

明治四年十一月、璃喜松《りきまつ》という男子を出産したが、翌明治五年（一八七二）二月、二十九歳で獄門となった。斬首したあと、首を二夜三日間、獄門台でさらすという残酷な刑だった。

## 雷《かみなり》お新《しん》

一八五〇〜一八九〇

### 彫物を全身に入れた「姐御」

全身に彫物《ほりもの》を入れた女賊として名高い「雷お新」は、悪事を重ねた果てに、明治二十三年（一八九〇）、四十一歳で病死したとされる。

それにしても、全身に彫物を入れるとはただごとではない。しかも、さまざまな絵柄を彫らせた。

背中には弁財天と北条時政、尻には雲を呼ぶ六角の蛟竜《こうりゅう》である。蛟竜は想像上の動物で、いつもは水中に隠れているが、雨や雲にあうと天に昇るという。さらに、左右の股には岩《いわ》見重太郎《みじゅうたろう》の大蛇《おろち》退治の図。腹部には九紋竜史進《くもんりゅうししん》を入れたが、彼は『水滸伝《すいこでん》』の豪傑の一人だ。右腕には金太郎、左腕には四人の人物と緋桜を彫るなど、全身に隙間のないほどだった。

それに腹部を除いて、すべて朱で着色してある。ほかに例のない絢爛《けんらん》な彫物だった、と伝えられる。

お新は嘉永三年（一八五〇）、土佐藩士某の娘として生まれた。やがて、成長するとともに美少女となり、縁談がつぎつぎに持ち込まれる。

しかし、外面は若くて美しい女であっても、内面的にはまだまだ子どもっぽいところがあったらしい。縁があって、ある男に嫁いだものの、お新はその家になかなか溶け込めず、ついに離縁ということになった。

いま風にいえば、プライドが許さなかった、ということになるのだろうか。お新は、離縁されたことに堪えられず、家を飛び出した。慶応三年（一八六七）、十八歳のときのことである。

お新が向かったのは、大阪だった。しかし、武士の娘とはいえ、幕末の激変する世の中で生きるのは容易ではない。そこで、やむなく万引きや枕さがし、恐喝など悪事に手を出したのである。いくら生きるためとはいえ、たいへんな道に足を踏み入れたものだ。

二、三年後には、お新を「姐御《あねご》」と呼び、多くの子分が群がるようになった。しだいにお新の悪名が、大阪中に知れ渡ったほどだ。お新は、自分がまともではないことを自覚していたが、だからといって劣等感を抱いていたわけではない。むしろ、「こうなったからには悪名を天下に知らせてやる」と、開き直った。

さらに、世の中の男たちをおどろかせようと、彫物を入れはじめた。

江戸後期から明治にかけて、男たちはさまざまな図柄を全身に彫り、俠気《きょうき》を誇った。当初はほとんどが俠客だったが、鳶《とび》の者（火消人足）や大工、駕籠舁《かごかき》、船頭にまで、派手な彫物が流行した。

しかし、お新のように女性が体に彫物を入れるのは、珍しいことだった。

それだけに、お新の彫物は評判になり、仲間うちでの貫禄もついた。しかも、子分が増えていく。お新のやり方は大胆になった。

金持ちで好色そうな男をたらし込み、旅館に連れ込んで金をしぼり上げた。男がいうことを聞かなければ、着物を脱いで彫物を見せ、脅す。

ところで、西郷隆盛《さいごうたかもり》の弟従道《つぐみち》も全身に彫物をしていた。維新の動乱期、幕府側のスパイ狩りをするため、彫物を入れてならず者に変装したのだという。お新はその従道を引っかけようとしたが、従道はそれと気づいて自分の彫物を見せた。さすがのお新も恐れ入った、という話も伝わっているが、真偽のほどはわからない。

悪事は、いつかはばれるものだ。明治七年（一八七四）、二十五歳のときに逮捕され、大阪の監獄に入れられた。獄中では改悛《かいしゅん》の情を見せ、従順な態度で獄吏を信用させたが、それは油断させて脱獄するためだった。

やがて明治十五年（一八八二）十月、激しい風雨の日、お新は二重の塀を乗り越え、脱獄に成功した。しかし、翌年、ふたたび逮捕されている。

その後、いつ赦免されたか不明だが、お新は東京へ出て悪事を重ねた。しかし、東京でも逮捕され、市ヶ谷監獄に入れられた。

蝮《まむし》のお政《まさ》が捕えられ、市ヶ谷監獄に送られてきたとき、お新が牢名主をしていたという。明治二十二年（一八八九）、四十歳のときのことだった。

お新はその年のうちに赦免となり、大阪へ戻った。しかし、翌年には没した。

# 花井《はない》お梅《うめ》

一八六四〜一九一六

## 『明治一代女』のモデル

流行歌『明治一代女』のモデルにされた花井お梅は、妖婦《ようふ》とも毒婦ともいわれ、大きな話題を呼んだ。それというのも、明治二十年（一八八七）五月、お梅は浜町《はまちょう》に待合茶屋「酔月《すいげつ》」を開業し、女将《おかみ》におさまったものの、六月九日夜、使用人の峯吉を刺殺する、という事件を起こしたからだ。なぜ、お梅は殺人を犯さなければならなかったのか。人びとの関心は、その点に集まっていた。

お梅が生まれたのは元治元年（一八六四）、父は下総《しもうさ》国佐倉藩（千葉県佐倉市）の下級武士花井専之助である。世の中が明治と変わったのを機に、一家を連れて東京に出たのだが、親子五人が暮らしていくのは楽ではなかった。

そこで父の専之助は明治五年（一八七二）、九歳になったお梅を、日本橋の小商人岡田常三郎へ養女に出した。常三郎は、いずれはお梅を芸者にして稼がせようと考えていたらしく、すぐに踊りや三味線を習わせた。こうして六年後、お梅は十五歳で柳橋の芸者屋の抱えとなり、半玉《はんぎょく》として座敷に出た。

その三年後には自前芸者となっている。お梅は美貌だし、気っぷもよい。それが評判を呼び、流行《はやり》っ妓《こ》になった。彼女に入れ揚げたのは、侠客や相場師、高利貸など、激しく揺れ動く世の中で荒々しく生き抜く男ばかりだ。お梅には、そうした男たちを惹きつける魅力を備えていたのだろう。

お梅は幼くして実父から養父へ売られ、さらに養父から置屋へと売られた。明治では、よくある例かもしれないが、芸者として成功するのは、それほど多くはない。お梅は、その一人だったのである。

その後、明治十五年（一八八二）、十九歳のとき、養父常三郎と離縁し、戸籍も実家の花井姓に戻った。そのころは小秀《こひで》と名のっていたが、三百数十人という柳橋芸者のなかで玉《ぎょく》頭《がしら》になっていたほど売れていた。玉頭とは、稼ぎ頭のことである。

ところが、当時、父の専之助は落ちぶれ、車夫になっていた。お梅は、引き取って親孝行をしたい、とでも思ったのか、柳橋を出て新橋に移った。住んだところが新橋日吉《ひよし》町だったこともあって、歌川《うたがわ》屋《や》秀吉《きできち》を名のったが、「太閤秀吉《たいこうひでよし》になる」との意気込みからの命名だったともいわれる。

そのころ、銀行の頭取がパトロンになっていたが、お梅は歌舞伎役者沢村源之助に入れ揚げるなど、浮気沙汰も派手だった。

しかし、一年後の明治十九年（一八八六）十一月、柳橋に戻ると、芸者を廃業する。さらに翌明治二十年（一八八七）五月、二十四歳で浜町に待合茶屋「酔月」を開業したのである。この開業に際して父の専之助が手続きをし、名義人となっていた。

専之助の住まいは別だったが、酔月に通い、帳場を見たりしていた。しかし、お梅のいうことは聞かず、なにかというと衝突し、ついにお梅は家出をしたのである。知人の家や温泉旅館などを泊まり歩き、半月ほど帰らなかった。

やがて、お梅は酔月の近くまで帰ってくる。それが六月九日夜のことだった。だが、敷居が高くて入りかねていると、たまたま峯吉が帰ってくるのにぶつかった。峯吉はお梅が芸者のころから雇っていた箱屋である。

箱とは三味線を入れて持ち歩く箱のことで、箱屋は芸者が座敷に出向くときにこれを持って供をした。そのほか雑用をこなすのが仕事だった。

お梅は峯吉に家へ帰る相談をし、父専之助との仲裁を頼んだ。峯吉は裏表のある男で、むしろお梅と専之助との不仲をあおり、酔月の実権を握ろうとしていた。だから、峯吉はお梅に「仲裁してやる。だからいうことをきくのだ」といって、襲いかかった。お梅は逆上し、刺し殺してしまったのである。

裁判所はその年の十一月、謀殺罪とみなし、お梅を投獄した。明治三十六年（一九〇三）四月、特赦で出獄。その後は、浅草千束《せんぞく》町で汁粉屋を開く。朝早くから八十数人もの客があったというが、お梅の顔を一目見たいという客ばかりだったという。二年後に小間物屋をはじめたが、失敗に終わった。

お梅としては、なんとか芸者に戻りたかったようだが、その願いはかなわなかった。大正五年（一九一六）、五十三歳で没した。昭和十年（一九三五）には、川口松太郎が小説『明治一代女』を発表。明治座で芝居にされ、話題を集めた。

## 内田《うちだ》まさ

一八六一〜？

### 悪事を重ねた流転の人生

つぎつぎに盗みを働き、五度も獄につながれた内田まさは、「蝮《まむし》のお政《まさ》」として名を知られた。刑事が「蝮みたいな女だ」といったことから、「蝮のお政」という異名ができたというが、詳しいことはわからない。

蝮のお政とは、どんな女性だったのか。資料としては本人が口述した「蝮のお政、懺悔《ざんげ》話《ばなし》」が明治三十五年（一九〇二）から翌年にかけて『報知新聞』に連載されたし、それ以前、明治三十一年（一八九八）には『都新聞』に「探偵実話、蝮のお政」が連載されている。ほかに、長谷川伸をはじめ、多くの作家が伝記を書いた。そのすべてが事実とはいえないが、おおよそつぎのような女性だったようだ。

文久元年（一八六一）四月、尾張国（愛知県）知多郡内海町で生まれたが、父は大工棟梁の内田喜左衛門《きざえもん》である。やがて尼にする約束で、檀那寺の行正院《ぎょうせいいん》にあずけられた。しかし、尼になるどころか、少女になると閑浄《かんじょう》という若い僧と関係を結び、清《きよ》という女の子を産んだ。自分で育てることもできず、お政の妹として籍を入れた。

行く末を心配した父の喜左衛門は、お政がいやがるのを強引に弟子の渡辺五郎三郎へ嫁がせた。明治十一年（一八七八）、十八歳のときのことである。そのころ、父は小学校の改築工事を請け負い、三百円の手付金をもらったばかりだった。

父たちは上棟式で酒を飲み、酔いしれた。お政はその隙をねらって三百円を盗み、行正院の閑浄のもとに駆けつけたのである。二人は寺から逃れ、船で横浜に出ると、旅館に泊まって遊び歩いた。

しかし、伯父の門田市松に見つかってしまう。お政は連れ戻され、土蔵の二階に閉じ込められた。半年後には、許されて五郎三郎のもとに帰った。そのうち、お政の耳に閑浄の噂が届く。還俗《げんぞく》して本名の渡辺清次郎を名のり、横浜で巡査をしているというのだ。

お政は、なんとか清次郎に会いたい、と思慕の念が募る。ついにある日、五郎三郎からあずかった仕入金を持って出奔。横浜に出て清次郎をさがしたものの、見つからない。故郷に帰ることもできず、富岡敬蔵という洋服屋で、住み込みで下働きをすることにした。

しかし、明治十三年（一八八〇）には、その洋服屋に反物などを売りに来る中国人に口説かれ、〝妾奉公《めかけぼうこう》〟をすることにした。金をためて、故郷へ帰ろうと思っていたようだ。ところが、まもなく中国人は帰国する。

洋服屋の敬蔵はお政を見ていられなかったのか、やはり洋服職人の滝次郎という弟との結婚をすすめた。二人は所帯をもったが、滝次郎は真面目な働き者で、お政は「これで平穏な暮らしができる」と、胸をなでおろしたものの、やがて運命に翻弄される。

ある日、お政は偶然、清次郎に再会する。懐かしい初恋の男である。お政は金を持ち出して清次郎とよりを戻したのだが、なんと清次郎は泥棒になっていた。おどろいたものの、お政としては清次郎から離れることができない。

お政は清次郎にそそのかされて、やむなく日本橋瀬戸物町の蒲鉾《かまぼこ》屋に女中として奉公する。金のありかをさぐるためだった。懸命に働いたせいか、店員たちにも信頼され、蔵の二階に金箱が置かれていることがわかった。お政は清次郎に知らせると、店の主に父親が大病だから田舎に帰る、といって暇《ひま》をもらった。

その数日後、清次郎は仲間をひきいて忍び込み、三千二百円の現金のほか、着物まで盗み出した。それからしばらく鳴りをひそめていたが、やがて明治十五年（一八八二）、お政は逮捕され、重禁固八か月となった。二十二歳のときのことである。

その後、火事場泥棒や板の間稼ぎ（銭湯で他人の物を盗むこと）などのほか、女中として住み込んだ砂糖屋から金品を盗み、放火未遂を起こして逃亡するなど、つぎからつぎと悪事に手を染めた。

結局、明治十三年（一八八〇）、二十歳で泥棒の手助けをして以来、盗み暮らしをつづけた。

明治三十五年（一九〇二）、五度目の窃盗罪の刑期を終えたが、お政は四十二歳になっていた。その後、お政がどうなったのか記録に残っていない。

# 芳川鎌子《よしかわかまこ》

一八九一～一九二一

## お抱え運転手との心中事件

明治のころは「恋愛は罪悪」ともいわれていただけに、与謝野晶子《よさのあきこ》の歌集『みだれ髪』（明治三十四年＝一九〇一刊）は大きな反響を呼んだ。

奔放自由な歌風で、本能の解放を目指していたからである。その結果、晶子へ共感し、恋にはしる人妻が多くなったという。

芳川鎌子は大正六年（一九一七）夜、夫をもつ身でありながら、お抱え運転手の倉持陸助《くらもちりくすけ》と千葉駅付近で鉄道線路に飛び込み、心中を企てた。

鎌子は重態で、千葉病院にかつぎ込まれたが、運転手の倉持は飛び込みそこね、その場で持っていた匕首《あいくち》で自殺した。なんとも凄惨な事件である。二人は心中するほど愛し合っていたのだろうか。

鎌子は明治二十四年（一八九一）、伯爵芳川顕正《あきまさ》の娘として生まれた。母は顕正の愛人である。詳しい事情はよくわからないが、鎌子が芳川家の跡継ぎとされ、大正元年（一九一二）、二十二歳のころ、曾禰《そね》子爵家の次男寛治《かんじ》を婿養子に迎えた。翌大正二年（一九一三）三月、鎌子は長女明子を出産している。

心中の相手となる倉持陸助は、そのころ、運転手見習として三井物産に入社。大正五年（一九一六）には運転免許を取り、部屋までもらった。つまり、倉持は芳川家に住み込む、お抱え運転手になったのである。

婿養子に迎えた寛治は、当初から妻となった鎌子に愛情があったわけではない。やがて遊蕩にふけり、愛人を囲った。それは当時の華族では珍しいことではなかった。

鎌子は夫の遊蕩に不満を募らせていく。人間としての真の愛を求める気持ちが強いのに、夫は振り向いてもくれない、といら立った。

運転手の倉持は当初、寛治に気に入られていたようだが、まもなく鎌子の専属となった。鎌子は夫への不満をまぎらすように、上野のレストラン精養軒へ出かけてフランス料理を食べたり、日本橋の三越でショッピングを楽しんだりする。

いつも倉持が車を運転してお供をしたが、鎌子はそのたびに食事を相伴《しょうばん》させたり、洋服や装身具などを買ってあたえた。倉持は美男子というわけではないが、愛嬌があって話上手だったから、女にはもてるタイプだったらしい。やがて鎌子は、倉持との恋に落ちていく。

夫をもつ身でありながら、ほかの男を愛するなど許されることではなかった。しかも、身分ちがいの恋が明らかになれば、非難を浴びるのはまちがいない。

二人がいくら愛し合っていても、一緒になるなど望むべくもなかった。家の事情はむろん、社会的にも受け入れてもらえない。このことを考えると、つい絶望的になる。死んだからといって結ばれるはずもないのに、「死んで、あの世で一緒になろう」となってしまった。鎌子は「一緒になれる」と信じて疑わなかった。

こうして大正六年三月七日の夜、二人は千葉駅近くで、手を握り合って列車に飛び込んだ。しかし、倉持は緊張のあまり、石につまずいて転び、失敗する。鎌子だけが列車に激突し、はねとばされて重傷を負ったのである。

倉持は、頭や顔などから血を流し、ぐったりと倒れている鎌子を見て、絶命したと思ったのだろう。少し離れた土手へ行くと、所持していた匕首でのどを突き、あっというまに息絶えた。

鎌子は病院に運ばれ、手当てを受けて、どうにか一命を取り留めることができた。

心中事件は鎌子が生き残ったが、各新聞は大々的に報じたため、日本中がこの話題で持ちきりだった。なかには「鎌子の経過は悪化し、ついに絶命」と書いた新聞まであったほどだが、鎌子は命びろいをし、やがて四月二日に退院した。しかし、事件の影響は大きい。三月十四日、芳川伯爵は枢密院副議長の職を辞した。

ところで、倉持の同僚に出沢佐太郎という助手がいた。事件の翌年、大正七年（一九一八）

十月、鎌子はその出沢と家出をしたのである。芳川家では手を尽くしてさがしたものの、鎌子は厭世《えんせい》的で、また自殺しかねないという状態だったため、やむなく二人の結婚を許した。

鎌子は幸せだったとはいえない。大正十年（一九二一）四月、横浜の借家で病死したのである。三十一歳だった。

# 第7章

# 医療への道、教育への情熱

## 楠本《くすもと》イネ

一八二七〜一九〇三

### わが国初の女性産科医

長崎の郊外に鳴滝塾《なるたきじゅく》を開き、患者の治療をする一方、多くの日本青年に蘭学や医学を教えたシーボルト。その娘の楠本イネは、父と同じ医師の道へ進み、オランダ医学を学んで、わが国の女性産科医の第一号となった。

明治六年（一八七三）、四十七歳のときには、明治天皇に仕えた権典侍葉室光子が懐妊したので、イネは宮内省御用掛を命じられた。つまり、宮中の産科医になったわけである。これは福沢諭吉《ふくざわゆきち》が推挙したのだという。

イネは文政十年（一八二七）、父シーボルトの外科室で生まれた。シーボルトは長崎出島のオランダ商館付医師だが、母は長崎丸山遊廓の遊女其扇《そのぎ》（楠本タキ）である。父は外国人であり、母は遊女だったから、イネは周囲の人びとから好奇の目で見られたり、いわれなき差別を受けたりして、悔しい思いに堪えてきた。それだけに、宮中の産科医となったことは、じつに晴れがましいことだった。

イネは宮中に出仕し、光子の出産に備えていたのだが、光子は妊娠中毒症にかかった。イネは手を尽くしたものの、母子ともに救うことができなかったというから、イネは悔しかったことだろう。それでもイネは、宮内省御用掛になったことで名声を博した。

シーボルトが来日したのは文政六年（一八二三）のことだが、帰国する文政十二年（一八二九）、国外への持ち出しが禁じられていた日本地図を所持していたとして、国外永久追放を命じられた。これがシーボルト事件だが、イネはまだ三歳だった。

イネは生来、勉強好きだったせいか、オランダ語は早くに覚えたし、医術にも関心を寄せていた。シーボルトが日本を去ったあとは、伊予国宇和島で開業していた門下の二宮敬《みのみやけい》作《さく》を頼り、基礎医学から外科医学までを学んだ。

ついで同じ門下で、備前国岡山で産科を開業していた石井《いしい》宗謙《そうけん》に弟子入りした。イネ十九歳のことだ。宗謙は五十歳の熟練医師である。ところが、イネが二十五歳のとき、理不尽なことに宗謙に犯され、身ごもってしまった。

嘉永四年（一八五一）、イネは娘タカを産む。その後、まもなくイネはタカを抱いて長崎に戻り、産科医を開業した。

そうした一方、イネはオランダ医のポンペ、ボードウィン、マンスフェルトらからオランダ医学を学び、近代医学を身につけていった。しかし、当時は「女が学問をするのはとんでもないこと」と考える人が多く、イネへの風当たりも強かった。

安政元年（一八五四）、イネは二十八歳のとき、大村益《おおむらます》次郎《じろう》（初名・村田蔵六）に出会う。宇和島の二宮敬作が大村を同行し、イネに引き合わせたのである。

大村は宇和島藩の藩医をしていたが、イネは帰国する大村とともに宇和島へ赴き、そこでオランダ語や医学を学びつづけた。その後、安政三年(一八五六)、大村は参勤で江戸に出府する藩主に同行。江戸では麹町に蘭学塾「鳩居堂《きゅうきょどう》」を開いた。イネもそのあとを追うようにして上京し、鳩居堂に同居していたという。

明治二年(一八六九)、大村が京都で暴漢に襲われ、大阪の病院へ運ばれるという事件が起きた。大村は兵部大輔《ひょうぶたいふ》として徴兵制の軍隊を創設しようとしていたため、一部の士族が特権をおびやかされるとして、襲ったのである。イネは急いで駆けつけ、看護にあたったが、大村は二か月後、息を引き取った。

大村はイネにとって、生涯ただ一人愛した男だったといわれる。しかし、落ち込んではかりもいられない。明治三年(一八七〇)二月、イネは上京し、築地で産科を開業した。明治六年には、冒頭で述べたように、宮中の産科医となっている。

その後、長崎へ戻ったが、明治二十二年(一八八九)にはふたたび上京し、娘のタカと静かに暮らした。明治三十六年(一九〇三)八月、急逝したが、死因は食あたりだったという。七十七歳の波瀾に満ちた生涯には、驚嘆するばかりだ。

# 不幸をバネに公認女性医師へ

## 荻野吟子《おぎのぎんこ》

一八五一～一九一三

女性が初めて医術開業試験を受験できるようになったのは、明治十八年（一八八五）のことである。四人の女性が試験に挑戦したものの、合格したのはただ一人。それが荻野吟子だった。

吟子は嘉永四年（一八五一）、武蔵国俵瀬村《たわらせ》（埼玉県熊谷市）の豪農の娘として生まれた。幼少のころから利発で、『江戸繁昌記《えどはんじょうき》』を書いた寺門静軒《てらかどせいけん》の門人松本万年から漢学の手ほどきを受け、学問に興味を抱くようになった。

吟子は小柄だったが、肌は健康的な小麦色で、瞳の美しい少女だった。しかも、意志の強そうな、理知的な顔をしていた。

明治元年（一八六八）、吟子が十八歳のとき、上川村（熊谷市）の名主稲村貫一郎《いなむらかんいちろう》に見そめられて嫁いだ。平凡だが、それなりに幸せな夫婦生活がはじまったわけである。ところが、やがて夫から淋病を移されたあげく、子を産めない体となり、理不尽にも離婚された。

吟子は病気を治すために上京し、順天堂病院に入院した。男性医師が診察、治療にあたるが、治療といっても局部の洗浄が中心となる。そのたびに、下半身があらわにされる。吟子は、堪えがたい屈辱を覚えた。そこで、吟子は決心する。

「女の医者がいれば、これほど恥ずかしい思いをしなくてもすむ。そうだ。私が医者になればいいんだ」

一年ほどで病が快復した吟子は、郷里に戻って漢方医学を学びはじめる。だが、本腰を入れて医学を勉強したいと、明治六年（一八七三）、二十三歳のとき、ふたたび上京した。弟子入りしたのは、漢方医で国学者の井上頼圀《いのうえよりくに》のところである。吟子は男のように筒袖に男袴という姿で学んだが、まもなく妻を亡くして寂しかったのか、頼圀に口説かれた。吟子は「医学ひとすじ」と心に決めていたから、すぐに頼圀のもとから去った。

明治八年（一八七五）、前年に創立された東京女子師範学校（お茶の水女子大学の前身）に学び、卒業後は「女子学生お断わり」という医学校好寿院《こうじゅいん》に、紹介者がいたため、なんとか入ることができた。

当時、医学の道へ進もうと思っても、女性の前には厚い壁が立ちはだかっていたのである。さらに大きな障害は、医者になるための開業免許試験だった。女性という理由だけで、願書を出しても受けつけてもらえない。

吟子は何度も願書を提出したが、結局はだめだった。女性でも受験できるようにと運動したところ、やっと明治十七年（一八八四）九月、女性の受験が認められたのである。実際に受験できたのは翌年だが、吟子は開業免許試験に挑戦し、見事に合格した。

吟子はその年、本郷三組町《みくみちょう》（東京都文京区湯島）で開業し、公認の女性医師第一号となった。

吟子は三十五歳。あの屈辱の日から十五年、ようやく念願を達成することができたのだ。

吟子の医院は「女の先生が診てくれる」ということで評判を呼び、つぎつぎに患者がやってくる。医院が手ぜまになったため、下谷《したや》黒門町（台東区上野）へ移転したのである。

明治二十三年（一八九〇）、吟子は四十歳だが、十四歳年下の志方之善《しかたゆきよし》という学生と知り合い、たちまち恋に落ちたのである。志方はキリスト教を信じ、その理想を実現したいと思っていた。吟子は、女性の立場がいかに弱いか、思い知らされてきただけに、キリスト教が説く一夫一婦制に共感できた。

相手の男が年下とあって、誰しも反対した。それでも吟子は志方と結婚し、「理想郷をつくる」といって、北海道へ渡った。

しかし、理想と現実は、えてして異なるものだ。瀬棚《せたな》町で医院を開いたのだが、患者はそれほどいるわけでもないから生活はきびしい。やがて、志方は「学校へ再入学する」といい出し、二人は離別した。

志方は明治三十八年（一九〇五）、学業なかばで病死。吟子もやがて北海道のきびしい冬に耐えられなくなり、やむなく東京へ戻った。明治四十二年（一九〇九）、東京の本所《ほんじょ》で医院を開いたものの、かつての名声を知る人は少ない。それに夢破れた吟子には、もはやかつての覇気はなかった。

大正二年（一九一三）、脳溢血で倒れ、六十三歳の生涯を閉じた。苦難と戦いながら医師となり、女性患者を屈辱から救った吟子だが、晩年は、幸せとはいえなかったようだ。

# 吉岡彌生《よしおかやよい》

一八七一〜一九五九

## 後輩に医師への道を開く

時代が変わりつつあることを敏感にさとり、女性でも自立する力、すなわち経済力が必要である。そう考えた吉岡彌生は、父の影響もあって医者を志した。

彌生は明治四年(一八七一)、静岡県上土方村《かみひじかた》で、漢方医鷲山養斎《わしやまようさい》の娘として生まれた。父のすすめで漢学を学び、母からは裁縫や料理を教えられて育った。

医師を志して上京したのは明治二十二年(一八八九)、十九歳のときである。本郷の済生《さいせい》学舎に入学したが、この学校を選んだのは、兄が医者になるために在学中で、女子学生もいることを教えてきたからだった。

学校では、男子学生が女子学生を邪魔者扱いするなど横暴だった。だが、それに負ける彌生ではない。むしろ「男に負けるものか」と、やる気が湧いてきた。日々、勉強に打ち込んだかいがあって、明治二十五年(一八九二)には、医者の開業免許を取得することができた。

いまは、このように三年半ほどの勉強では医者になれない。だが当時は、むずかしいけれども、試験に合格すれば医者になることができたのである。

その後、故郷で父の手伝いをしたが、ドイツで医学を勉強したいと思い、明治二十八年（一八九五）にふたたび上京。ドイツ語の私塾至誠《しせい》学院で、ドイツ語を学びはじめた。院長の吉岡荒太《あらた》が、そうした彌生を見そめて求婚、まもなく二人は結婚した。

彌生は結婚すると、九段で夫が経営する至誠学院の運営を助けた。しかし、学院の経営は経済的に苦しい。

「自分が医者として稼ぎ、学院の経営にまわすしかない」

彌生はそう決心すると、近くに家を借りて、東京至誠医院を開業。彌生が熱心に取り組んだせいか、患者が増え、医院の経営は軌道に乗った。

せっかくうまくいきそうだったのに、明治三十二年（一八九九）、夫の吉岡は糖尿病で倒れた。病状は重く、学院の経営は不可能となったため閉鎖した。

そうした一方、医者の質を向上させるため、医者の資格制度を改めるべきだ、という意見が出てきた。それは当然のことだが、なかには質の向上を口実に女子学生を退学させる学校も現れた。

彌生が学んだ済生学舎も明治三十三年（一九〇〇）、女子学生の入学を不許可とし、翌年には在学中の女子学生を退学させる、という暴挙に出たのである。

「医者を志す女子学生たちは、一体どうすればいいのか」

彌生があれこれと考えた末、思いついたのは「自分で開業している東京至誠医院の一室を開放し、そこで教えればよい」ということだった。そのくらいのことなら、すぐできる。

さっそく九段の医院の一室を教室に、四人の女子学生を集め、教師は彌生と夫の吉岡の二人で開校した。これが東京女医学校のはじまりだった。

女子学生は、新聞広告を見てやってきた。だが、校舎が医院の一室という現実を見て、「本当にここで医者の勉強ができるのか」と不安に思い、帰っていく人もいた。やがて、済生学舎から退学させられた女子学生を集めて開校する医学校も出てきた。

それだけに、彌生たちの東京女医学校には、なかなか学生が集まらない。それでも彌生の「なんとしても女医を育てたい」という強い思いは変わらなかった。やがて二人の努力が少しずつ実って、女子学生が増え、学校の規模が大きくなっていく。

明治三十六年（一九〇三）には、校舎を河田町《かわだちょう》に移し、教師陣も充実させた。やがて明治四十五年（一九一二）、文部省が正式に認可し、東京女子医学専門学校（東京女子医科大学の前身）として再出発したのである。彌生は四十二歳になっていた。これは二人にとって、さまざまな苦労を乗り越え、努力をしてきただけに大きな喜びだった。

それから十年後の大正十一年（一九二二）、夫の吉岡が死去。彌生はその後、庶民の衛生知識の普及、女性の地位向上を目指す運動などにも尽力した。昭和三十四年（一九五九）、満八十八歳の生涯を全うした。

# 高橋瑞子《たかはしみずこ》

一八五二〜一九二七

## 「男装の女医さん」と人気

産婆（助産師の旧称）から医師に転身した高橋瑞子も、生涯を医学に捧げた女傑の一人である。東京女医学校（東京女子医科大学の前身）を創立した吉岡彌生《よしおかやよい》の師にあたる人物だ。

瑞子は嘉永五年（一八五二）、尾張西尾藩（愛知県西尾町）の藩士の家に生まれた。ちょうど幕末の動乱期だが、世は明治となり、父は没落士族の仲間入り。暮らしは楽ではなく、まもなく父と母があいついで死去し、幼い瑞子は伯父夫婦に育てられた。

やがて二十五、六歳になると、瑞子は「東京でなにかをしたい」と思い、東京に移り住んだ。伯父は、瑞子を養子の嫁にするつもりだったようだが、瑞子はその男を好きになれない。伯父に嫁の話を断わり、家を出たのである。

しかし、すぐに食べていかなければならない。そこで瑞子は、ある家に女中奉公をすることにした。仕事に慣れたころ、その家の主から縁談をすすめられた。相手は前橋の小学校の先生だったが、学校の先生なら堅い職業だし、経済的な不安もない。

瑞子はその縁談を受け、先生と結婚した。ところが、どうしたわけか、結婚生活は長つづきしなかった。瑞子は「なんとか自立したい」と、前橋の産婆会の会長である津久井磯《つくいいそ》子《こ》に頼み、住み込みで産婆の勉強をさせてもらった。

本格的な産婆になるには、やはり本格的に学ばなければならない。瑞子はそう思うと、東京に出て産婆の養成所である紅杏塾《こうきょうじゅく》へ入った。だが、産婆の資格を取ろうと勉強しているうちに、もっと欲が出て「女医になりたい」と思いはじめた。

紅杏塾を卒業し、産婆の資格を得ると、前橋へ戻り、産婆として働きはじめた。その一方で、医者になる勉強をしたというのだから、たいへんな努力家である。

ところが、当時はまだ女性が医師開業試験を受けることができなかった。別項で記したように、女性医師第一号となった荻野吟子《おぎのぎんこ》は「女性も開業試験が受けられるようにしてほしい」と運動したが、瑞子も同じように奔走した。

瑞子は「いずれ女性も受験できるようになるはずだ」と思い、その日のために勉強することを忘れなかった。そこで、本郷にある私立の医学校「済生《さいせい》学舎」へ入学しようと申し込んだところ、断わられてしまった。

幼いころから意志の強さで評判になったほどの瑞子だから、簡単にあきらめるはずもない。三日三晩、学校の前に立ち尽くし、決意を無言で訴えたのである。

こうなると、「女性の入学は前例がない」といって、逃げるわけにもいかない。校長もやむなく、入学を認めざるをえなかった。瑞子は、こうして三十二歳で、ようやく医学生になったのだ。

瑞子が入学したことで、あとにつづく女性に門戸を開くことになった。のちに東京女医学校を創立する吉岡彌生も、瑞子のおかげで済生学舎に学ぶことができたし、そのほかにも恩恵を蒙った女子学生は多い。

もっとも、入学したとはいえ、瑞子を援助してくれる親戚はいないし、学費はもっぱら自分で捻出しなければならない。だから懸命になって働き、金がたまると学費を払って学校へ通ったという。

学校での苦労はもう一つ、瑞子のほかはすべて男子学生ばかりだったことである。男子学生は瑞子に冷たい態度をとったり、嫌がらせをしたりする。だが、瑞子はそれを無視して勉強に励んだ。

そのかいがあって、明治二十年(一八八七)には医師開業試験に合格し、日本橋で開業した。瑞子は三十六歳になっていた。

瑞子は親切に患者に対応したため、評判がよかった。そのうえ、断髪をし、羽織に袴という姿で患者にのぞんだものだから、患者をはじめ、近所の人びとも親しみを込めて「男装の女医さん」と呼んだ。

さらに、ドイツに聴講生として留学。帰国後は医院で患者を診るほか、後進の指導にもあたった。愛弟子《まなでし》は多いが、吉岡彌生もその一人。六十歳のとき、「誤診を防ぐために」といって引退し、医院も廃業した。

昭和二年（一九二七）、肺炎で亡くなったが、七十六歳だった。

## 瓜生岩子《うりゅういわこ》

一八二九〜一八九七

「会津のナイチンゲール」

戊辰《ぼしん》会津戦争といえば、白虎隊《びゃっこたい》の悲劇を生むなど壮烈をきわめた。会津の城下でも戦闘が繰り広げられ、多くの兵士が死んだり、傷ついたりした。瓜生岩子は、そうした負傷兵たちを敵味方の区別なく、看護しつづけた。人びとは、岩子の行為に感嘆し、「会津のナイチンゲール」と呼んだ。

戦後、岩子は戦争孤児となった子どもが多くいたため、その将来を思って心を痛めた。さっそくほかの人びとにも相談し、旧藩校「日新館《にっしんかん》」に、親を失った子どもを集め、養育したのである。

岩子は文政十二年（一八二九）、会津の熱塩《あつしお》村（福島県喜多方市）で油商を営む若狭屋利左衛門《わかさやりざえもん》の長女として生まれた。九歳のとき、父が死去。それからは、弟と母と三人で母の実家の瓜生家の世話になり、しばらく暮らした。

天保十三年（一八四二）、岩子は十四歳のとき、叔父の山内春瓏《やまうちしゅんろう》のところにあずけられた。山内が会津藩の侍医をしていたこともあって、岩子は山内から医術や看護の基本などを学んだ。

その後、岩子は十七歳で佐瀬茂助《させもすけ》と結婚し、会津若松の城下で呉服屋を開いた。当初は商売も順調だったし、やがて一男三女の母親となって、岩子は幸せを満喫していた。しかし、時代は幕末を迎えて世情が乱れ、不穏な状況となる。そのせいか、店の経営がきびしくなった。

おまけに夫の茂助は、もともと病弱だったが、文久二年（一八六二）に病死した。岩子は三十四歳で未亡人となったが、疲れをいやすつもりで実家へ戻った。

やがて戊辰戦争が起きたが、戦後、戦争孤児の養育に尽力したあと、その経験から本格的に救済事業を学ぼうと思い立つ。明治四年（一八七一）、岩子は上京すると、深川の大塚十右衛門の救養会所《きゅうようかいしょ》で半年間、救済事業を現場で学び、そのやり方や考え方を身につけていった。

翌明治五年（一八七二）三月、岩子は故郷に帰り、孤児や貧困者の救済事業をはじめた。その一方では、貧しさから増えた堕胎をなんとか防ごうとする運動にも尽力した。

岩子は、ただ教えたり、援助するだけではない。一人一人に自立する力をつけさせたい、というのが岩子の願いだったから、自活の方法や人生を切り開く力を一緒に考え、指導した。そうした岩子を見て、人びとは「仏の岩子」とか、「菩薩の岩子」と呼んだ。

その後、岩子は長年の夢だった福島救育所の設立に奔走する。明治二十三年（一八九〇）には、やっと設立許可が出たものの、資金が足りない。

そこで翌明治二十四年（一八九一）、ふたたび上京し、窮民や貧児のための救養会所を全国に設立してほしい、と議会に請願書を出した。そのなりゆきを見守るため、岩子は東京にとどまり、養育院の幼童世話係長として働きはじめたのである。

ところが、郷里からは「帰ってきてほしい」と、強くいってくる。岩子はやむなく郷里に帰り、育児会をつくった。

さらに明治二十六年（一八九三）には、会津済生病院を設立し、その後も福島鳳鳴会《ほうめいかい》育児部、産婆研究所などを創立している。資金集めが進まないと、岩子は不足する資金にあてるため、飴や餅、パンなどをつくり、慈善バザーで売った。

明治二十七年（一八九四）には日清戦争がはじまったが、岩子はさっそく上京。こんども薩摩芋で水飴をつくって販売し、その利益を傷病兵の援助にあてた。また、戦争未亡人を救済するため、「瓜生会」を設立した。

こうした瓜生岩子の献身的な社会事業に、政府も注目し、明治二十九年（一八九六）には藍綬褒章《らんじゅほうしょう》を贈り、その功を讃えた。この賞は、女性として初めてのことだった。

岩子としては、苦労が報いられたことになる。しかし、勲章ほしさに、救民事業に取り組んできたわけではない。岩子は「不幸な人びとを救済するために、わが生涯を捧げたい」という思いで生きつづけてきたのだ。

翌明治三十年（一八九七）、福島で没したが、六十九歳の人のために尽くした生涯だった。

## 津田梅子《つだうめこ》

一八六四～一九二九

### 女性の自立をうながす教育

岩倉具視《いわくらともみ》らの欧米使節団に同行し、津田梅子も初の女子留学生として横浜港から出発した。明治四年（一八七一）十一月十二日のことである。梅子はまだ八歳。五人の女子留学生のうち最年少だった。

帰国後、梅子は女子英学塾（津田塾大学の前身）を創立し、女子教育の振興に生涯を捧げた。

津田梅子は元治元年（一八六四）、江戸牛込で幕府御家人、津田仙《せん》の次女として生まれた。父の仙は蘭学や英学を学び、幕末には外国奉行通弁役になった。慶応三年（一八六七）には、通訳官としてアメリカ派遣の特使に随行している。

明治になると、女子教育を急ぐ必要があるとして、北海道開拓使が女子留学生を募集した。津田仙は、梅子をアメリカで学ばせ、先進的な文明を吸収させようと、その留学生に推薦したところ、採用されたのである。

横浜港から出発したとき、梅子は八歳と幼く、両親との別れが辛かったにちがいない。しかし、順応性に富んでいたようで、英語をはじめ、さまざまな知識を身につけた。当初は、母に日本語で手紙を書いていたが、やがて手紙も英語で書くようになった。

梅子は明治五年（一八七二）、ワシントンに到着後、ランマン夫妻の自宅二階に住み、英語を学んだ。その年の十月には小学校に入学したが、梅子の英語力は驚異的に上達し、学芸会では英詩の一節を正確に朗読して観客をおどろかせたという。

明治十一年（一八七八）、梅子は小学校を卒業し、女学校に入学した。留学を一年延期し、女学校を卒業して明治十五年（一八八二）に帰国する。そのときは、日本語をすっかり忘れていた。

帰国後、明治十八年（一八八五）、創立されたばかりの華族《かぞく》女学校（女子学習院の前身）の英語教師となったが、明治二十二年（一八八九年）、二十六歳のとき、勉強をし直そうと思い、学校を休職して、ふたたび渡米。プリンマー大学で生物学を専攻した。

この留学中に多くの知的な女性たちと親交を結び、日本女性について話をすることが多かったという。こうした経験を経て、梅子は日本女性のために学校をつくりたい、という気持ちを強めていた。

梅子は明治二十五年（一八九二）に帰国したが、明治三十一年（一八九八）にはまた渡米する。万国婦人クラブ大会に、日本代表として出席するためだった。このときにはヘレン・ケラーと会う機会があったが、その後、イギリスのナイチンゲールにも会っている。梅子は、この二人に大きな影響を受けた。

日本初の女子留学生だというのに、帰国しても梅子の働く場所はなかった。といって、結婚することはまったく考えていない。有能なアメリカ女性は、自分にふさわしい仕事につき、前向きに生きている。そうした姿を見てきただけに、自分もそのような仕事につくことができると思っていた。ところが、日本ではむずかしいことだった。

それでも華族女学校の英語教師になった。梅子は懸命に授業をしたものの、生徒たちは、英語はたんなる教養のため、としか思っていなかった。

英語を通じて外国を知ろうとか、社会に出て仕事に役立てようなどと考えているわけではない。梅子は失望しながらも、女性が自立していくために役立ちたい、と考えていた。

その後、明治三十二年（一八九九）、梅子のための学校をつくる計画ができつつあった。その翌明治三十三年（一九〇〇）、東京麴町に女子英学塾（津田塾大学の前身）を創立する。自分が理想とする女子教育、英語教育を実現するためだった。

学校を設立するためには、多額の資金が必要となる。梅子は、アメリカの友人たちにその趣旨を説明し、援助を呼びかけた。当時、アメリカでは高等教育運動が活発になっており、資金を広く募って設立する、という方法が主流になっていた。そのため、学校設立の資金が梅子のもとに寄せられたという。

明治三十七年（一九〇四）には、女子英学塾が専門学校として認可され、ますます発展していく。だが、晩年の梅子は糖尿病に悩み、昭和四年（一九二九）、六十六歳で逝去した。小平市に新校舎を建設中だったが、その完成を見ることはできなかった。

## 矢島楫子《やじまかじこ》

一八三三～一九二五

### 女子教育から社会教育へ

人間誰だって努力すれば、なりたい自分になれる。小さな楫《かじ》でも大きな船が動く。上京の途中、長崎港でそんな光景を見て、新たな人生を切り開こうと決意。それまでの勝子という名を捨て、楫子と名のった。明治五年（一八七二）、四十歳のときのことである。

矢島楫子は天保四年（一八三三）、肥後国益城《ましき》郡杉堂村（熊本県益城町）で、総庄屋矢島忠左衛門の六女として生まれた。やがて安政五年（一八五八）、二十六歳のとき、武士の林七郎に嫁ぐ。林家は格式が高く、七郎は思想家横井《よこい》小楠《しょうなん》の弟子だった。男らしく、さっぱりした人物といわれたが、じつはひどい酒乱で、楫子は持てあました。

それでも十年は耐え、そのあいだに一男二女をもうけた。やがて我慢の限界が来たのであろう。明治元年（一八六八）、末娘だけを連れて離婚。三十六歳になっていた。

実家に戻ったものの、厄介者扱いされ、肩身のせまい日々をすごした。そんなとき、明治五年（一八七二）、明治新政府の役人になっていた兄の直方が病気になり、世話を頼む、といってくる。楫子は渡りに船とばかりに上京したのだ。兄の病はじきによくなったので、楫子は築地の教員伝習所に通い、資格を取った。翌明治六年（一八七三）、芝桜川小学校の訓導（教諭）になったが、楫子は四十一歳。当時としては少し遅い再出発かもしれないが、楫子はまったく気にせず、むしろ意気軒昂《いきけんこう》だった。

それればかりか、楫子は兄の書生をしていた妻子ある男と恋仲になり、女の子を産んだのである。明治九年（一八七六）、楫子は四十四歳だった。不倫の末に子ができたのだから、たいへんなスキャンダルだが、楫子にはさほどの影響がなかったようだ。

その後、明治十一年（一八七八）、アメリカ人宣教師ツルー夫人に見込まれ、新栄《しんさかえ》女学校の教師となり、明治十三年（一八八〇）には桜井女学校の校長に就任した。さらに明治二十九年（一八九六）、新栄女学校と桜井女学校とが合併し、女子学院になると、楫子が院長についた。楫子が新栄女学校に勤めたのは四十六歳のときだから、生徒は娘や孫のようなものだった。そのせいか、寄宿舎で生徒の面倒をよく見たという。

最初の結婚では夫の酒乱に悩み、離婚した楫子だが、その後は妻子ある男との恋愛と、奔放に生きているように見える。しかし、実際にはさまざまな苦難を味わったにちがいない。

そうした経験を生かして、社会教育の道を歩き出す。アメリカで矯風会《きょうふうかい》の活動がはじまっていたが、楫子は来日したレヴィット夫人の講演を聴いて共鳴する。矯風会の目的は禁酒をはじめ、社会の荒廃に歯どめをかけることにあった。

楫子はレヴィット夫人に面会を求め、日本にその支部を結成しようと思ったのである。楫子は押しの強い女性だったといわれるが、それだけに目的に向かって、がむしゃらに突き進む、ということがあったらしい。

楫子は多くの仲間を募って討議を重ねた結果、明治十九年（一八八六）十二月六日、日本橋本両替町のキリスト教会で、東京婦人矯風会の発会式を催したのである。発会式では、矢島楫子が会長に選ばれた。東京婦人矯風会の目的は、飲酒や喫煙を禁じることや、女性の地位向上を目指すことにあった。設立後、楫子は廃娼運動の先頭に立ち、性的純潔の男女平等、一夫一婦制の確立を主張した。

明治二十三年（一八九〇）五月には全国廃娼《はいしょう》大会を開き、明治二十六年（一八九三）には全国組織に発展。東京婦人矯風会がキリスト教関係の女性団体に呼びかけ、四月三日に日本基督教婦人矯風会が結成されたのである。楫子が会頭につき、男女平等を求める運動を全国的に広げていった。

楫子の活躍は国際的になっていく。明治三十九年（一九〇六）には、ボストンで開催された万国婦人矯風会第七回大会に出席。大正九年（一九二〇）にはロンドン大会に出席したし、大正十年（一九二一）春には満州や朝鮮をまわって歩き、同年秋にはワシントンの婦人平和集会に参加している。八十九歳という高齢にもかかわらず、元気そのものだった。楫子の私利私欲で動かない点が信頼され、多くの賛同者を惹きつけた。大正十四年（一九二五）、九十三歳の生涯を全うした。

## 野口幽香《のぐちゆか》

一八六六～一九五〇

### 初の私立保育園を開く

わが国で民間初の保育園「二葉幼稚園」を設立した野口幽香は、幼児教育に熱心な教育者だった。しかも、二葉幼稚園は貧しい家の子どもを集めていただけに、たんに幼児教育をするというだけではなく、生活支援が大きな目的になっていたようだ。

野口幽香は慶応二年（一八六六）、野口野、《いやし》くり夫婦の長女として、姫路で生まれた。六歳のときから塾に入り、漢学や英語を学びはじめた。その後、小学校に入学したが、明治七年（一八七四）、九歳のとき、父が生野銀山《いくのぎんざん》（兵庫県）の鉱山寮勤務となったため、幽香も生野の小学校に転校する。

当時の生野銀山には、政府が招聘《しょうへい》したフランス人の技師や労働者が多くいた。幽香はフランス人技師の家族と交流するなかで、フランス人の生活を知っておどろき、出されたイチゴミルクやチョコレートにもびっくりした。

銀紙に包まれたチョコレートをお土産にもらい、家に持ち帰っても、喜んで食べたのは祖母だけだった。あとの人は、気味悪がって手を出さなかったという。明治初期は、そんな時代であった。その後、明治八年（一八七五）、姫路に戻ったが、近くに貧しい人びとが暮らしているのを知り、幼い心を痛めた。フランス人技師の生活とくらべて、矛盾を感じていたのかもしれない。

やがて明治十八年（一八八五）、二十歳のとき、東京女子師範学校（のち女子高等師範学校）に入学した。さらに学んで、世の中の役に立つ人間になりたい、と東京に出てきたのである。当時は文明開化の時代で、幽香が入学した女子師範学校も欧米化しつつあった。寄宿舎に入った翌年の夜、講堂で舞踏会が開かれたのだが、幽香は良家の令嬢が男性の教師とペアを組み、踊っている光景を見てびっくりした。

鹿鳴館《ろくめいかん》の夜会がはじまったのは明治十六年（一八八三）のことだから、時代の新しい波は、早くも女子師範学校にまで押し寄せていたわけである。

幽香はそんななかで勉強に励んでいたが、翌明治十九年（一八八六）に父が、二年後には母が逝去した。最愛の両親を失った幽香は、大きな悲しみに暮れた。明治二十一年

（一八八八）、キリスト教に入信。

明治二十三年（一八九〇）、幽香は女子高等師範学校を卒業し、成績が優秀だったこともあって、同校付属幼稚園に勤めることになった。しかし、四年後の明治二十七年（一八九四）には、華族女学校（学習院の前身）に新設された付属幼稚園に助教授として赴任した。

このとき、一緒に保母になったのが森島美根《もりしまみね》だが、美根はアメリカ西海岸で貧しい家庭の幼児教育を学んできた。そのせいか、幽香は美根に共感し、それ以降、なにかと助け合う仲になった。

華族女学校は永田町にあったが、通勤の途中に、貧しい人びとが住む一画があった。子どもたちは破れた着物を着て、路面に字や絵を書いている。そうした光景を見るたびに、幽香は「このような子どもを集めて教育する場をつくりたい」と、強く思っていた。

やがて幽香は明治三十一年（一八九八）、美根と一緒に幼稚園創設の募金のため、慈善音楽会を開く。これは大成功だった。このときに得た資金で麴町下六番町に家を借り、二葉幼稚園を設立したのである。

明治三十三年（一九〇〇）のことで、幽香は三十五歳になっていた。華族女学校の付属幼稚園に勤務しながら、自らも貧民のための幼稚園を経営していたのである。華族幼稚園と二葉幼稚園と、同じ幼児教育とはいえ、そこに集まってくる子どもたちはまったく異なる。幽香はどちらかというと、二葉幼稚園のほうがやりがいを感じていたようだ。

西欧化の進む明治時代であったが、一方では貧富の差が激しくなっていた。それだけに幽香は貧しい家庭の子どもたちの悲惨な状況に心を痛め、なんとか寄り添っていこうとしていたのである。

大正五年（一九一六）には二葉保育園と改称。幽香は大正十一年（一九二二）、五十七歳で学習院を退職し、二葉保育園に専念した。その後、昭和十年（一九三五）、二葉保育園は財団法人となる。逝去したのは昭和二十五年（一九五〇）、八十五歳だった。

## 安井《やすい》てつ

一八七〇〜一九四五

### 人格形成を重視した教育家

イギリス留学を経て、シャム（タイ）王室から招かれ、現地の女子教育に尽力。帰国後は、新渡戸稲造《にとべいなぞう》のあとを受けて東京女子大学の第二代学長をつとめた安井てつ。独身を通し、生涯を女子教育に捧げた。

安井てつは明治三年（一八七〇）、旧下総《しもうさ》国古河《こが》藩（茨城県古河市）士安井津守《つのもり》、千代《ちよ》夫婦の長女として東京の駒込曙町に生まれた。安井家は幕末まで代々、藩の槍術《そうじゅつ》指南をつとめていたせいか、てつは武家の娘らしくきびしくしつけられたし、勉学にも励んだ。

その後、東京女子師範学校の付属高等女学校を経て、明治二十三年（一八九〇）、二十一歳のとき、東京女子高等師範学校（のちのお茶の水女子大学）を卒業した。

てつが在学中、傾倒したのは、アメリカでペスタロッチ主義の教育法を学んできた高嶺《たかみね》秀夫《ひでお》である。てつは高嶺の講義を聴き、教職の道へ進むことを決意したという。てつは卒業後、母校の付属小学校に訓導（教員）として勤めた。こうして女子教育家への第一歩を踏み出したわけである。

明治二十五年（一八九二）、盛岡にある岩手県師範学校の付属小学校高等科に移った。盛岡では、東京とは異なって不便なことも多かったが、男子教生の指導にあたったり、女生徒と一緒になって茶碗洗いをするなど、新しい経験もできた。

二年間の盛岡勤務を終えると、てつはふたたび母校に戻る。女子高等師範の訓導と付属小学校の主任となったが、明治二十九年（一八九六）、こんどはイギリスへの留学を命じられた。

しかし、てつは英語に堪能なわけではない。そこで少女のころ、アメリカへの留学経験をもつ津田《つだ》梅子《うめこ》の家に同居させてもらい、英語を学んだ。やがて明治三十年（一八九七）一月、てつは船に乗り込み、横浜港からイギリスへ旅立った。てつはこのとき、二十八歳になっていた。

イギリスでは、ケンブリッジのトレーニング・カレッジに入学。校長はミス・ヒューズといい、当時、イギリスでもっとも権威のある女子教育者であった。ミス・ヒューズはあれこれと親切に世話を焼き、つぎのようなアドバイスをしてくれた。

「せっかくイギリスに来たのだから、多くの人から意見を聞いたり、いろいろな学校や家庭を訪問して、現場を知ることが有益だと思う」

ミス・ヒューズはただいうだけでなく、てつが実際に行動できるよう手配までしてくれたのである。

てつは、武家の娘として育てられたせいか、もともと西洋嫌いだった。しかし、ミス・ヒューズのやさしい心に触れ、ゆきとどいた指導によって、ミス・ヒューズに傾倒するようになった。さらに西洋嫌いがなくなったし、キリスト教にも強い関心を抱いた。

帰国したのは明治三十三年（一九〇〇）だが、まもなくキリスト教に入信。仕事は女子高等師範に戻り、舎監《しゃかん》兼教授となった。これで落ち着くのかと思ったら、そうではない。

明治三十七年（一九〇四）、シャム（タイ）王室から招聘《しょうへい》され、バンコクへ赴く。シャム皇后女学校の教育主任になり、三年間、バンコクで女子教育に尽力したのである。

その後、明治四十年（一九〇七）にイギリスに留学。一年後に帰国すると、学習院や女子高等師範に勤め、さらに女子高等師範の付属幼稚園主事に任命された。

大正七年（一九一八）、東京女子大学が創立されると、新渡戸稲造が学長に就任。てつは、学監に就任した。東京女子大学の設立に先立って、小石川坂下町にある安井てつの自宅を仮事務所に、新宿角筈《つのはず》にあった元宣教師の静養所を校舎にあてて出発した。

大正十二年（一九二三）、新渡戸が国際連盟の事務局次長に就任するため、学長を辞任。てつが学長になった。その翌年、校舎が荻窪《おぎくぼ》に新設されると、てつは学内に住居をかまえ、寮生たちの世話を焼いた。

日本の教育に欠けていた人格形成を重視し、生涯独身を通して女子教育に情熱をそそいだ安井てつ。昭和二十年（一九四五）十二月、敗戦直後の混乱のなか病没した。満七十五歳だった。

## 大妻《おおつま》コタカ

一八八四〜一九七〇

### 勉強好きな少女の夢

技芸教授所から高等女学校へ。そして、大妻学院へと女子教育の場を築き、着実に拡大させた大妻コタカ。勉強好きな少女の夢は、大きな果実を実らせた。

大妻コタカは明治十七年（一八八四）、広島県世羅《せら》郡三川村で熊田家の六人きょうだいの末っ子として生まれた。田植えの忙しい時期に生まれたため、出生届を出す余裕もなく、名前をつけないまま五か月もほうっておかれた。

父親は、口ぐせのように「困った、困った」といっていたので、そこから「コタカ」と名づけたという。真偽のほどはわからないが、コタカは丈夫に育った。子どものころから頭がよく、負けず嫌いの努力家だし、小学生のころから下級生に教えるのが好きだった。

しかし、地元には高等科がないので、コタカは尋常科を卒業すると、二里半（約十キロ）離れた甲山《こうざん》町の学校に入った。父親はもともと「女に学問はいらない」といっていたが、早く死去したし、十四歳のときには母とも死別した。

高等科を卒業したあと、小学校の代用教員になり、そのかたわら技芸学校で裁縫や手芸を習った。だが、コタカにしてみれば、教員になるために東京へ出て勉強をしたい、と思っていた。

明治三十四年（一九〇一）、十八歳のとき、突如として学校に辞表を出し、東京へ向かった。下谷御徒町《したやおかちまち》に住む叔父を訪ね、寄宿させてほしい、と頼み込んだ。コタカがあまりにも真剣だったので、叔父は理由も聞かずに引き受けたという。

こうしてコタカは、午前中は九段の和洋裁縫学校で学び、午後は東京府教員養成所に通った。たいへんな努力をつづけ、どちらも二年で卒業。さらに神奈川県の女子師範学校で一年間勉強したあと、鎌倉小学校に勤めた。明治三十八年（一九〇五）、コタカは二十二歳になっていた。

その後、明治四十年（一九〇七）、二十四歳のとき、大妻良馬《りょうま》と結婚する。この結婚は、いまでは考えられないようなものだった。

良馬は軍人を経て、宮内省に建築技師として勤めており、このとき三十六歳。コタカの従兄長岡清三郎《ながおかせいざぶろう》がたまたま軍隊で良馬と一緒だったことから、コタカに縁談を持ち込んだのである。

コタカはお見合いだと思い、赤羽の長岡宅を訪れた。ところが、清三郎は格別の紹介をするわけではなく、コタカが知らぬまに杯事《さかずきごと》が終わっていた。これで婚礼の儀式がすんだといわれ、コタカはびっくりした。

仲人と思い込んでいた男が、夫になる大妻良馬だという。かなり年上だし、コタカは別に結婚を望んだわけではない。清三郎はコタカの気持ちを聞くわけでもなく、騙し討ち同然に祝言を進めたのだ。

コタカは台所へ引っ込むと、悔しさのあまり泣き出してしまった。しかし、よく考えてみると、すでに頼りとする両親がなく、親族の世話を受けるしかない。コタカは納得できなかったが、覚悟はできた。

長岡家を退出すると、大妻良馬は上野で開かれていた博覧会に誘った。無言のまま見て歩き、広小路《ひろこうじ》に出て蕎麦《そば》を食べたが、その後、良馬はコタカを御徒町の叔父宅まで送ってくれた。結婚式を挙げたというのに、二人は別々に暮らし、同居しなかったのである。

やがて、二人の新居は紀尾井町《きおいちょう》の小さな借家と決まった。やがてコタカは、良馬の了解を得て、家で裁縫や手芸の私塾を開く。コタカの技術は、学校で習ったものだけにしっかりしている。それが評判になり、生徒が増えていった。

やがて「東京女子技芸教授所」の看板を掲げた。しかし、生徒が増えたために教室が手ぜまとなり、広い教室を借りた。その後、大正五年（一九一六）には東京府の許可を得て「大妻技芸学校」となった。

二年後の大正七年（一九一八）には新校舎が落成。大正十年（一九二一）には文部省の許可を得て「大妻高等女学校」となった。良馬も協力し、学校は順調に発展したが、良馬は昭和四年（一九二九）、五十八歳で急逝。コタカはその後も活躍をつづけ、昭和四十五年（一九七〇）、八十七歳で生涯を終えた。

## 新島八重《にいじまやえ》

一八四五〜一九三二

### 「ハンサム・ウーマン」

会津時代には「会津のジャンヌ・ダルク」といわれ、京都時代には「ハンサム・ウーマン」と呼ばれた女性。それが新島八重だった。「ハンサム・ウーマン」は「男まさりの女性」という意味だが、その根底には、会津で培《つちか》った〝折れない心〟があった。

八重は弘化二年（一八四五）、会津藩（福島県会津若松市）の砲術指南役山本権八の娘として生まれた。十三歳のころ、兄の覚馬《かくま》から洋式銃の扱い方を習ったが、めきめきと上達し、その腕前は白虎隊の少年に教えるまでになった。

その後、慶応元年（一八六五）、二十一歳のとき、兄の友人で藩校の教師となった川崎尚之助《かわさきしょうのすけ》と結婚。慶応四年（一八六八）八月、政府軍の会津進攻がはじまると、八重はさっそく鶴ヶ城に入城した。そのとき八重の姿は、弟の形見の着物と袴を着用し、腰に刀を差したうえに、七連発スペンサー銃を肩に担いでいた。入城後は断髪して完全な男装となり、一か月におよぶ籠城戦で奮闘した。

スペンサー銃で敵を撃つだけでなく、大砲隊を指揮するなど、男まさりの戦いをしたのである。そのため、八重は「会津のジャンヌ・ダルク」といわれたほどだった。

しかし、結局は戦いに敗れて開城。八重は切腹を覚悟したものの、政府軍の人改めに引っかかり、女であることが知られ、生き残ることになったのである。

八重は戦後、夫の尚之助とは離別し、京都にいる兄の覚馬を頼って京都へ出た。そこで新島襄《じょう》と知り合い、新たな人生が開かれていく。

襄はアメリカで十年間学び、帰国したばかりだった。アメリカに渡ったのは、自分の目で西洋文明を見たいと思ったからである。だが、江戸時代には海外渡航が国禁とされていたから、海外へ渡ろうと思えば、密航するしかない。

そこで襄は、安中藩《あんなか》を脱藩し、蝦夷地《えぞち》の箱館から停泊中のベルリン号にもぐり込み、アメリカへ渡航することに成功したのである。アメリカではアーマスト大学などに学び、明治七年（一八七四）に帰国。同志社英学校（同志社大学の前身）設立に奔走中、覚馬と知り合い、協力してもらっていた。

八重は宣教師夫人に襄を紹介されたが、まもなく婚約し、明治九年（一八七六）一月、結婚した。襄は「妻にするなら夫に従順なだけではなく、自分の考えをしっかりもっている女性を」と望んでいたから、八重はまさにぴったりの女性だった。

二人の新婚生活は、むろん西洋風で、寝室にはベッドが置いてある。食生活も洋食にコーヒー。八重は宣教師夫人から習い、ロールキャベツ、オムレツ、ビーフステーキ、ローストビーフなど、さまざまな料理をつくった。ケーキやクッキーも自分で焼いた。外出するとき、八重は洋服を着て帽子をかぶり、ハイヒールを履く。人力車にはレディーファーストで、襄は八重の手を取って先に乗せ、仲よく相乗りをする。また、八重は当時としては珍しい自転車を乗りまわし、京都の人びとをおどろかせた。

同志社英学校につづいて同志社女学校も開校し、襄の夢が実現していった。八重も女学校で礼法を教えるなど、夫の仕事を支えたのである。

しかし、襄は明治十八年（一八八五）ごろから病を患い、明治二十三年（一八九〇）、帰らぬ人となった。二人の結婚生活は十四年と、さほど長くはなかったが、八重にとっては満ち足りた日々だった。

八重は自立する女性だから、そこで停まってはいない。襄が死去してまもなく、日本赤十字社の正式社員になり、日赤篤志《にっせきとくし》看護婦人会の講習を受けている。ボランティアで看護活動をしようとしたのである。八重の新しい挑戦だった。

日清戦争、日露戦争のときには、実際に陸軍病院に赴き、看護婦学校の生徒を指揮しながら救護活動をつづけた。

そうした一方、八重は晩年、茶道三昧《ざんまい》の日々をすごしている。自分が楽しむだけでなく、自宅の洋間を茶室に改築して、茶道教室を開いたほどだった。昭和七年（一九三二）六月、八十八歳の天寿を全うした。

## 楫取美和子《かとりみわこ》（杉文《すぎふみ》）

一八四三〜一九二一

### 兄松陰が見られなかった新時代を生きる

吉田松陰《よしだしょういん》の妹として松下村塾の塾生たちの世話を焼き、松陰の愛弟子久坂玄瑞《くさかげんずい》の妻になったとき、名を杉文といい、十五歳だった。その後、明治十六年（一八八三）五月、四十一歳で松陰の親友楫取素彦《かとりもとひこ》（小田村伊之助《おだむらいのすけ》）と再婚したが、そのときには美和子と改名していた。

幕末には、新しい時代を開く人材を育てようとした兄の松陰を支え、藩主の毛利家に勤めてからは、幼い藩主の嫡男のしつけ係を担当。明治には、再婚した夫が日本の近代化に尽力するのを支えた。松陰は、それぞれ個性に適した教育を目指したが、美和子は兄松陰の志を継ぎ、新しい時代の幕を開く手助けをした、といってよい。

文は天保十四年（一八四三）に生まれた。父は長州藩（山口県萩市）の下級藩士杉百合之助《ゆりのすけ》、母は滝《たき》といった。

滝は太陽のような存在で、笑顔を絶やすことがなかったという。いつでもやさしかったが、女子にはきびしかった。「忍耐強くなること」とか、「文字の習得に励むこと」などを文たちに教えた。

家計は苦しく、暮らしは楽ではなかったが、そうしたなかできびしく育てられただけに、文は根性があるというか、たくましく育った。

松陰は嘉永七年（一八五四）三月二十七日、黒船で密航しようとして失敗。萩の野山獄へ入れられたあと、自宅での蟄居《ちっきょ》となった。野山獄では囚人を相手に講義をしたが、自宅ではやることがない。母の滝は、それを見て松陰に自宅で講義することをすすめた。

滝はそればかりか、「みなで聞きましょう」といって文たちを誘い、家族で講義を聴いた。テキストは「孟子」で、このときの講義をまとめて、のちに『講孟余話《こうもうよわ》』とした。松陰の主著である。

講義の評判を聞きつけて、近所の人びともやってきて講義に耳を傾けた。

この自宅ではじめた講義が、やがて松下村塾へと発展していくのだが、面倒見のいい滝や文の協力なしにはつづかなかっただろう。松下村塾の寄宿生たちに食事をふるまったり、風呂に入れてやったりする。衣服の世話もした。文は母の姿を見て、積極的に手伝った。

文の夫となる久坂玄瑞は、文と結婚したとき十八歳である。藩医久坂良迪《よしみち》の次男として生まれたが、幼いころから頭がよく、物覚えがよかった。松陰は、玄瑞を「天下の英才」と評したし、高杉晋作とともに「松下村塾の双璧《そうへき》」と評判になったほどだ。

文と玄瑞との結婚生活は、玄瑞が尊皇攘夷を実現するため、京都へ江戸へと奔走していて、一緒に暮らしたのはそれほど長くない。しかし、玄瑞は筆まめで、旅先から文へ手紙を書いて届けた。それが二十一通。文が大事にしていたので『涙袖帖《るいしゅうちょう》』と題して残されている。

のちに楫取素彦が手紙を読みながら整理したとき、つい涙を落とし、袖で拭った。題名はそれに由来するのだという。

玄瑞は、やがて元治元年（一八六四）七月十九日、蛤御門《はまぐりごもん》の変で、薩摩や会津の藩兵たちと激突。結局は敗北し、玄瑞は自刃した。文の結婚生活は、わずか七年で終わった。

文は杉家ですごしていたが、その後、藩主毛利家の侍女となり、十四代藩主となる元徳《もとのり》の正室安子《やすこ》に仕えた。このとき、美和子と改名した。慶応元年（一八六五）には、嫡男の元《もと》昭《あきら》が誕生し、文が守役になった。しつけ係である。

ところで、四歳年上の姉寿《ひさ》は、松陰と親交を結んでいた小田村伊之助の妻となっていた。伊之助は文政十二年（一八二九）生まれだから、松陰の一歳年上である。藩医松島瑞蟠《ずいばん》の次男だが、十二歳のとき、儒官小田村吉平の養子となった。

弘化四年（一八四七）、伊之助は十九歳で家督を相続し、藩校明倫館《めいりんかん》の講師になった。その後、江戸詰となったが、この時期、江戸へ遊学した松陰と親交を深めたのである。

寿が伊之助に嫁いだとき、十五歳だったが、松陰は「似合いの夫婦」と喜び、二人を祝った。

慶応三年（一八六七）、伊之助は藩命によって楫取素彦《かとりもとひこ》と改名。諸国の使者との応接にあたった。外交官として活躍することになったわけだ。しかし、明治十四年（一八八一）、寿が病死。まもなく美和子に母の滝が「素彦の後添《のちぞ》いに」と、再婚をすすめてきた。

美和子は玄瑞の死後、十九年も一人で暮らしている。考えてみれば、義兄として接するうちに素彦を尊敬し、好意を抱くようになっていた。明治十六年（一八八三）五月に結婚。美和子は四十一歳、素彦は五十五歳だった。

素彦はそれ以前の明治九年（一八七六）、熊谷《くまがや》県令（知事）に就任。まもなく熊谷県は群馬県と改称した。

世界遺産となった富岡製糸場は当時、経営が悪化したことから、政府は閉鎖しようとしていた。だが、素彦は群馬県を発展させるために、養蚕に力を入れるほか、製糸の近代化を推進しようと考えていた。そのために政府に働きかけ、明治十五年（一八八二）、操業の継続が決まった。素彦が閉鎖の危機を救ったわけである。

美和子が素彦と再婚したのは、その翌年のことだ。素彦は明治十七年（一八八四）、元老院議官に就任。国政に腕を振るいはじめる。さらに貴族院議員、宮中顧問官などを歴任したが、大正元年（一九一二）、防府で没した。享年八十四。

美和子はそれから九年後、大正十年（一九二一）、七十九歳の人生を終えた。兄松陰が見ることができなかった明治・大正という時代を生きた。

## 羽《は》仁《に》もと子《こ》

一八七三〜一九五七

### 初の女性記者から教育者へ

雑誌『婦人之友』（創刊時は『家庭之友』）を創刊して、家庭や社会生活の啓蒙につとめ、さらには「自由学園」を創立して新しい独自な教育を行なった羽仁もと子は、当初、わが国初の女性記者として出発した。

明治六年（一八七三）、青森県八戸《はちのへ》の旧南部藩士の家に生まれている。明治二十年（一八八七）、十五歳で八戸高等女学校高等科を卒業すると、教育熱心な祖父のすすめで、東京府立第一高等女学校に入り、ここを卒業したあとは、明治女学校高等科に入学した。明治二十四年（一八九一）のことである。

じつはこの学校を選んだのは、校長の巌本善治《いわもとよしはる》が『女学雑誌』の編集発行人でもあり、もと子がこの雑誌の熱心な読者だったからだ。

『女学雑誌』は明治十八年（一八八五）創刊の女性雑誌で、キリスト教的な自由主義の立場から男女平等を主張、新しい女性の生き方を提唱して、多くの若い女性に影響をあたえていた。

もと子は、巌本善治校長の明治女学校に通うだけでなく、『女学雑誌』の校正係として働き、月謝と寄宿舎代をまかなった。

その後、明治二十六年（一八九三）、故郷に帰って八戸小学校の教師になっている。やがて、ある男性と恋仲になり、明治二十九年（一八九六）には結婚して関西に住む。だが、長つづきせず、半年ほどで離婚すると、ふたたび東京に出てきた。

もと子は、東京至誠《しせい》医院を経営する吉岡彌生《よしおかやよい》の自宅に、女中として住み込んだ。そのあと、築地《つきじ》語学校（雙葉《ふたば》学園の前身）小学部の教師を経て、明治三十一年（一八九八）には報知新聞社に入社し、わが国初の女性記者となったのである。

三年後の明治三十四年（一九〇一）、もと子は二十九歳で、同じ社に勤める羽仁吉一《よしかず》と結婚。やがて二人は退社し、協力して『家庭之友』を創刊した。明治四十一年（一九〇八）に『婦人之友』と改題したが、この雑誌はもと子のインタビュー記事や、夫の飲酒をやめさせた妻の努力など体験談を紹介、読者の共感を得た。

子どもの着物を洋服にリフォームする方法など、実用記事も載せた。もと子が創案した「家計簿」も出版したが、これは項目別に記載する方式で、合理的な生活の指針になると評判を呼んだ。要するに羽仁もと子は、よりよい家庭生活、社会生活へと改善していこう、と訴えつづけたわけである。

さらに子どもの教育に関心を抱き、大正十年（一九二一）には文部省令によらない「自由学園」を創設した。十二歳から十九歳までの女子が七年間学ぶ、という独自の制度をもつ教育機関だった。

「自由学園」では、あくまでも生徒個人の自発性と創意を重視し、生徒の自治、自由を尊重するほか、家庭的な教育を重視した。さらに子どもたちの昼食にも心を砕いた。

生徒は百二十人程度だったが、生徒たちが自ら掃除したり、台所で食事を料理し、食堂で楽しく食べる。しかし、月謝のほか昼食代も必要だから、裕福な家庭の子どもでなければ、入学することはできない。

理想的な学園かもしれないが、誰でもが入れるというわけではなかった。そうしたこともあって、自由学園の独自の教育はなかなか理解されなかった。

ところが、大正十二年（一九二三）九月一日、関東大震災が起こると、生徒たちの意外な力が発揮されて注目を浴びるようになった。たとえば、生徒たちは被災者のために布団をつくったり、東京連合婦人会に協力して、ミルクなどの救援物資を配給したりしたのである。また、生徒たちは火災で焼失した本所《ほんじょ》の太平《たいへい》小学校焼け跡に赴き、焼け出された子どもたちに食事をつくって配るなど、救援活動に尽力したのである。これがきっかけとなって自由学園が注目され、社会からも認められるようになった。

昭和になって太平洋戦争中は、文部省から「自由」という名称を変更するよう圧力をかけられたが、もと子はそれに屈することなく、「自由学園」の名を守りつづけた。昭和三十二年（一九五七）に亡くなった。

本書は月刊『公評』（公評社）に連載された「明治大正を生きた女たち」（二〇一一年十月号～二〇一二年十二月号）を基に、加筆・再編集したものです。

モルガン（デニソン）……64, 65
モルガンお雪……**63**

## や

矢島楫子……76, **224**
矢島忠左衛門……224
安井津守……230
安井てつ……**230**
柳原前光……130
柳原白蓮（燁子）……**130**, 144
山内春瓏……219
山川菊栄……39
山川重国……51
山川捨松→大山捨松……164
山川登美子……116
山口孤剣……42
山下重常……78
山下りん……**78**
山田謙三……76
山田耕筰……78
山村聰……172
山室政子……80
山本覚馬……237, 238
山本権八……237

## ゆ

湯地定之……178

## よ

横井小楠……224
横田数馬……22, 23
横田秀雄……25
与謝野晶子……**115**, 130, 134, 161, 201
与謝野鉄幹……115, 116, 117 140, 161
吉井勇……168
吉井友実……163
吉岡荒太……213
吉岡彌生……**212**, 215, 217, 218, 244
芳川顕正……201
吉川英治……127
芳川鎌子……**201**
吉住彦兵衛……92
吉田松陰……54, 239, 240, 241, 242, 243

## ら

ライマン……61, 62
ラグーザ（ビンチェンツォ）……67, 68, 69, 79, 80
ラグーザ玉……**66**, 80

## れ

レヴィット（夫人）……226

## わ

若狭屋利左衛門……218
若松賤子……29, **121**
鷲山養斎……212
和田英……**22**
渡辺五郎三郎……199
渡辺清次郎→閑浄……199, 200
和田盛治……24, 25

林洞海 175
林芙美子 126
原阿佐緒 133
原節子 172
原田きぬ 189
原田大助 189

ひ

ピカソ 88
樋口一葉 112
樋口則義 112
ヒューズ 231, 232
平尾鍒蔵 127
平塚らいてう 38, 126, 141, 173
平林たい子 126
広岡浅子 19
広岡信五郎 20, 21, 22
広瀬阿常 60
広瀬半右衛門 186
広瀬秀雄 60

ふ

フォンタネージ 79, 80
深井伊三郎 190
福沢諭吉 1, 2, 87, 206
福田英子 31, 35
福田友作 33, 34
藤井較一 32
藤井善一 102
藤蔭静枝 166
藤間勘右衛門 167
プッチーニ 103
ブリュナ 23
プレストン 123

ほ

鳳宗七 115
ボース（ラス・ビハリ） 30, 31
堀合忠操 160

ま

益田太郎冠者 106
松井須磨子 91, 98
マッカーサー 27
松川勝次郎 121
松島瑞蟠 242
松本幸四郎 106
松本万年 209
蝮のお政→内田まさ 194, 198
マリア・テレジア 71

み

三浦政太郎 103, 104
三浦環 101
三上於菟吉 125, 126
三島通庸 164
三島通良 108
三島弥太郎 163, 164, 165
三井高利 19
三井高保 19
南方熊楠 181, 182, 183, 184
南方松枝 181
峯吉 195, 197
宮崎滔天 131
宮崎夢柳 34
宮崎竜介 131, 132
宮下要次郎 186

む

陸奥宗光 57, 58, 59
陸奥亮子 57
村岡儆三 145
村岡花子 142

も

毛利元昭 242
毛利元徳 241
森有礼 60, 61, 62
森鷗外 114, 144, 148, 149, 150
森 志げ 148
森島美根 229
森田草平 153
森肇 105
森律子 104

津田梅子 …… 53, 129, **221**, 231
津田三蔵 …… 44, 45
津田青楓 …… 173
津田仙 …… 221, 222
土屋ノブ子 …… 109
坪井正五郎 …… 108
坪内逍遙 …… 99
ツルー（夫人）…… 225

## て

ディキンス …… 182
ディケンズ …… 123
テキストル …… 17
出沢佐太郎 …… 203
テニソン …… 123
寺門静軒 …… 209

## と

土井晩翠 …… 161
遠山一也 …… 18
徳冨蘆花 …… 163
富岡敬蔵 …… 199, 200
富岡滝次郎 …… 200
豊原国周 …… 79
鳥飼万蔵 …… 99
トルストイ …… 100

## な

ナイチンゲール …… 223
中井栄次郎 …… 89
永井荷風 …… 166, 168
長岡清三郎 …… 235
中島信行 …… 34, 37
中谷徳太郎 …… 125
長沼次助 …… 172
中根重一 …… 151
中丸精十郎 …… 79, 80
中村翫雀 …… 191
中村芝翫 …… 108
中村彝 …… 173
半井桃水 …… 113
夏目鏡子 …… **151**
夏目漱石 …… 151, 152, 153

## に

新島襄 …… 237, 238, 239
新島八重 …… **236**
ニコライ（皇太子）…… 44
ニコライ（神父）…… 80
西周 …… 148
新田俊純 …… 48
新渡戸稲造 …… 230, 232, 233
二宮敬作 …… 207

## の

乃木静子 …… **178**
乃木希典 …… 110, 178, 179, 180, 181
野口野 …… 227
野口幽香 …… **227**
野津道貫 …… 110
野村ミチ …… **25**
野村洋三 …… 26, 27, 28
野呂辰之助 …… 91

## は

バーネット …… 121, 123
ハーン（ラフカディオ）
→小泉八雲 …… 72, 73, 74, 75
長谷川時雨 …… **124**
長谷川伸 …… 198
長谷川深造 …… 124
畠山治平 …… 43
畠山勇子 …… **43**
波多野秋子 …… **169**
波多野春房 …… 170, 171
八田知紀 …… 128
鳩山春子 …… 159
花井お梅 …… **195**
花井専之助 …… 195, 196, 197
羽仁もと子 …… **243**
羽仁吉一 …… 245
馬場孤蝶 …… 114
パミリー（夫人）…… 77
葉室光子 …… 206
林研海 …… 176
林謙吉郎 …… 169
林七郎 …… 224

顧愷之……1
古在由直……120
後藤吉蔵……186, 187, 188
小林金平……189, 190, 191
小林樟雄……33
小松謙次郎……25
小宮豊隆……153
小山正太郎……80

## さ

西郷隆盛……194
西郷従道……194
斎藤今朝吉……172
斎藤与里治……173
堺利彦……41, 42
坂崎紫瀾……34
坂本龍馬……18, 58
佐久間象山……25
佐々城信子……**157**
佐佐木信綱……124, 130, 144
佐々城本支……157, 159
佐瀬茂助……219
佐多稲子……126
サトウ（アーネスト）……57, 58
佐藤泰然……175
沢村源之助……196

## し

シーボルト……206, 207
シェイクスピア……99
志方之善……211
柴田孟甫……101
島崎藤村……28, 125, 156
島村抱月……99, 100, 101
清水謙吉……120
清水紫琴……**118**
清水貞幹……118
下田歌子……**127**, 169
下田猛雄……128, 129
下中弥三郎……134
シューベルト……104
松旭斎天一……89, 91
松旭斎天勝……**89**
庄子勇……135

## す

末弘巌太郎……108
末弘ヒロ子……**107**
杉文→楫取美和子……**239**
杉本鉞子……**81**
杉本松之助……82, 83
杉百合之助……240

## そ

相馬愛蔵……28, 29, 30
相馬黒光……**28**
孫文……131

## た

高杉晋作……241
高橋お伝……**186**
高橋勘左衛門……186
高橋九右衛門……186
高橋波之助……186, 187
高橋瑞子……**215**
高嶺秀夫……231
高村光雲……108
高村光太郎……30, 172, 173, 174, 175
高村智恵子……**172**
武井勘三郎……159
竹本綾瀬太夫……96
竹本綾之助……**95**
橘宗一……40
伊達千広……58
田中正造……38
田辺花圃……112
田辺太一……113
谷崎潤一郎……140
田村宗造……181

## ち

千葉周作……124

## つ

津久井磯子……216
辻潤……37, 38, 39

大山巌 ……51, 53, 163, 164
大山捨松 ……**51**
大山信子 ……**163**
岡田三郎助 ……108
岡田常三郎 ……195, 196
岡村竹四郎 ……80
岡本一平 ……140, 141, 142
岡本かの子 ……**139**
岡本太郎 ……141
小川市太郎 ……187
荻野吟子 ……**209**, 216
荻原守衛 ……30
小山内薫 ……126, 168
小沢伊平 ……187
小田村伊之助→楫取素彦 ……239, 242
小田村吉平 ……242
尾上菊五郎 ……125
尾上梅幸 ……106
小原要逸 ……134
オルト ……17, 18

## か

景山確 ……32
片山九郎右衛門 ……94
勝海舟 ……58
カッペレッティ ……79
加藤平助 ……63
門田市松 ……199
楫取美和子 ……**239**
楫取素彦 ……239, 241, 242, 243
金田ケン子 ……109
神近市子 ……39
雷お新 ……**192**
川上音次郎 ……86, 87, 88, 105
川上貞奴 ……**86**, 91, 105
川上俊介 ……64
川口松太郎 ……198
川崎尚之助 ……237
閑浄 ……199
ガントレット（エドワード） ……76, 77, 78
ガントレット恒子 ……**75**
管野すが ……**40**
管野義秀 ……40

## き

岸田俊子 ……32, **34**
岸田茂兵衛 ……34
キダー ……121
北小路資武 ……130
北原白秋 ……130
北村透谷 ……154, 155, 156
北村美那 ……**154**
木戸孝允 ……58
木下杢太郎 ……130
清原英之助 ……66
桐大内蔵→森律子 ……107
金田一京助 ……162

## く

クーデンホーフ＝カレルギー（ハインリッヒ） ……69, 70, 71
クーデンホーフ＝カレルギー（リヒャルト） ……70, 72
クーデンホーフ光子 ……**69**
久坂玄瑞 ……239, 241, 242
久坂良迪 ……241
九条節子 ……137
九条武子 ……130, **136**
九条良致 ……136, 137, 138
楠本イネ ……**206**
国木田独歩 ……157, 158
九紋竜史進 ……192
倉持陸助 ……201, 202, 203
グラント（大統領） ……18
黒田清隆 ……61, 177

## け

ケラー（ヘレン） ……223

## こ

小泉節子 ……**72**
古泉千樫 ……134
小泉湊 ……73
小泉八雲 ……72, 74, 75
幸次郎 ……16
幸田露伴 ……114
幸徳秋水 ……40, 42, 43
鴻池善右衛門 ……20

# 人名索引

＊**太字**はその人物の項目の開始ページ


あ

青山喜八……69
赤松則好……148
浅井忠……80
浅野信子……116
甘粕正彦……40
荒木博臣……148
嵐璃鶴……190, 191
荒畑寒村……42
有島武郎……159, 169, 171
安中逸平……142

い

井伊直弼……51
石井健太……96, 97
石井宗謙……207
石川一禎……160
石川啄木……130, 160, 161, 162
石坂昌孝……154
石原純……133, 135, 136
石山源兵衛……95
磯山清兵衛……33
板垣退助……34
市川九女八……167
伊藤梅子……**54**
伊藤伝右衛門……130, 131, 132
伊藤野枝……**37**
伊藤博文……49, 54, 55, 56, 79, 86
稲垣平助……82
稲村貫一郎……209
井上馨……48, 49, 50, 54
井上吉兵衛……94
井上武子……**48**
井上八千代……**92**
井上頼圀……210
イプセン……99
入江九一……54
岩倉具視……221
岩見重太郎……192
巌本善治……28, 29, 122, 244
インジェロー……123

う

ウィルソン（ジョン）……83
植木枝盛……120
宇田川文海……41
内田喜左衛門……198, 199
内田まさ……**198**
ウッド（ヘンリー）……103
瓜生岩子……**218**

え

榎本武揚……175, 176, 177, 178
榎本多津……**175**
エロシェンコ……31
円地文子……126

お

大井憲太郎……33, 120
大浦慶……**16**
大浦太平治……16
大川甚兵衛……121
大久保忠順……189
大杉栄……39, 40, 42
大谷光尊……136
大塚十右衛門……219
大塚正心……76
大妻コタカ……**233**
大妻良馬……234, 235, 236
大鳥圭介……79
大町桂月……116
大村益次郎……207, 208

# 主な参考文献


石川雅章『松旭斎天勝』桃源社
井上文子『青鞜の女たち』海燕書房
岩橋邦枝『評伝　長谷川時雨』筑摩書房
円地文子監修『近代日本の女性史』（全12巻）集英社
円地文子監修『人物日本の女性史』（全12巻）集英社
緒方正清『日本産科学史』科学書院
奥寺龍渓『瓜生岩子』大空社
小野勝美『原阿佐緒の生涯——その恋と歌』古川書房
笠原一男編『目覚めゆく女性の哀歓』評論社
岸哲夫『乃木静子夫人』春陽堂
木村毅『海外に活躍した明治の女性』至文堂
小泉節子・小泉一郎『小泉八雲』恒文社
小坂井澄『モルガンお雪　愛に生き信に死す』講談社
小松浅乃『女たちの明治維新』文園社
近藤富枝『鹿鳴館貴婦人考』講談社
三枝和子『岡本かの子』新典社
佐竹伸伍『貞奴　炎の生涯』光風社出版
塩田良平編『明治文学全集・明治女流文学集』筑摩書房
小学館編『図説　人物日本の女性史』小学館
杉本鉞子『武士の娘』筑摩書房
鈴木由紀子『女たちの明治維新』ＮＨＫ出版
瀬戸内晴美『かのこ撩乱』講談社
瀬戸内晴美『恋と芸術への情念——人物近代女性史』講談社
瀬戸内晴美『田村俊子』文藝春秋
総合女性史研究会編『日本女性の歴史——文化と思想』角川書店

高群逸枝編『大日本女性人名辞典』新人物往来社
戸板康二『松井須磨子――女優の愛と死』文藝春秋
戸川幸夫『人間　乃木希典――乃木夫妻の生涯の愛と真実』光人社
土曜会歴史部会『日本近代看護の夜明け』医学書院
南條範夫『幾松という女』新潮社
日本女子大学女子教育研究所編『明治の女子教育』国土社
芳賀登他編『日本女性人名辞典』日本図書センター
長谷川仁・紅野敏郎編『長谷川時雨――人と生涯』ドメス出版
平塚雷鳥『元始、女性は太陽であった』（全4巻）大月書店
福田英子『妾の半生涯』岩波書店
福田清人『火の女』勉誠出版
松永伍一『川上音二郎――近代劇・破天荒な夜明け』朝日新聞社
三浦綾子『われ弱ければ――矢島楫子伝』小学館
村岡恵理『アンのゆりかご――村岡花子の生涯』マガジンハウス
村上信彦『明治女性史』講談社
森律子『女優生活二十年』実業之日本社
山口玲子『とくと我を見たまえ　若松賤子の生涯』新潮社
山崎孝子『津田梅子』吉川弘文館
山田洸『女性解放の思想家たち』青木書店
山本藤枝『黄金の釘を打ったひと――歌人・与謝野晶子の生涯』講談社
吉田精一編『日本女流文学史　近世近代編』同文書院
吉野俊彦『鷗外百話』徳間書店
吉本明光編『世界の人間像（2）』所収「お蝶夫人＝三浦環自伝」角川書店
脇田晴子・林玲子・永原和子編『日本女性史』吉川弘文館
綿谷雪『近世悪女奇聞』青蛙房

［著者略歴］

**中江克己**（なかえ・かつみ）

北海道函館市出身。思潮社、河出書房新社などの編集者を経て歴史作家。歴史の意外な側面に焦点を当てて執筆を続けている。主な著書に『お江戸の役人面白なんでも事典』『お江戸の地名の意外な由来』『お江戸の職人素朴な疑問』（以上、PHP研究所）、『江戸の将軍百話』（河出書房新社）、『忠臣蔵と元禄時代』（中央公論新社）、『江戸の定年後』（光文社）、『新島八重』『黒田官兵衛』（以上、学研パブリッシング）、『図説 江戸の暮らし』『図説 江戸城の見取り図』（以上、青春出版社）、『江戸のスーパー科学者列伝』（宝島社）、『江戸大名の好奇心』（第三文明社） など多数。

**明治《めいじ》・大正《たいしょう》を生《い》きた女性逸話事典《じょせいいつわじてん》**

2015年９月30日　初版第１刷発行

著　者　中江克己《なかえかつみ》
発行者　大島光明
発行所　株式会社　第三文明社
東京都新宿区新宿1-23-5　〒160-0022
電話番号　03-5269-7154（編集代表）
03-5269-7145（営業代表）
振替口座　00150-3-117823
URL http://www.daisanbunmei.co.jp
印刷・製本　中央精版印刷株式会社


ISBN978-4-476-03348-9